GEORG BÖNISCH
SVEN RÖBEL

Fernschreiben 827

Der Fall Schleyer, die RAF und die Stasi

GREVEN VERLAG KÖLN

Lektorat: Holger Steinemann, Stuttgart
Gestaltung und Satz: Angelika Kudella, Köln
Umschlaggestaltung: Thomas Neuhaus, Billerbeck
Unter Verwendung eines Fotos von: © picture-alliance / Sven Simon | Windeck
Gesetzt aus der Scala
Lithografie: prepress, Köln
Papier: Munken Cream White
Druck und Bindung: Aalexx Druck, Burgwedel

ISBN 978-3-7743-0674-5

INHALT

VORWORT

Die sechs Wochen zwischen dem 5. September und dem 18. Oktober 1977 werden oft als »Deutscher Herbst« bezeichnet. An jenem 5. September entführte am frühen Abend in Köln ein Kommando der linksterroristischen Roten Armee Fraktion, der RAF, den Manager Hanns Martin Schleyer – und tötete dessen Fahrer und drei Polizisten, die ihn, den einflussreichen Repräsentanten der deutschen Industriellen und Arbeitgeber, beschützen sollten. Am 18. Oktober, irgendwann im Laufe des Tages, wurde auch die Geisel Schleyer ermordet: hinterrücks durch drei Schüsse in den Kopf, ein Akt der Barbarei, ein Racheakt. Rache dafür, dass die Bundesregierung unter dem SPD-Kanzler Helmut Schmidt es abgelehnt hatte, als Gegenleistung für eine in Aussicht gestellte Freilassung Schleyers elf inhaftierte Genossen der Entführer, an der Spitze Andreas Baader und Gudrun Ensslin, in ein Land ihrer Wahl ausfliegen zu lassen. Die selbst ernannten Freiheitshelden hatten anfangs erklärt, gegen das »herrschende System« kämpfen zu wollen, gegen den »kapitalistischen Staat«, gegen den »US-Imperialismus«. Aus moralischer Empörung wurde binnen kurzer Zeit banales Verbrechertum: Schüsse, Bomben – Mord. Es gab, spätestens seit 1975, nur noch ein einziges wirkliches Ziel für die sogenannte zweite Generation der RAF: eben ihren Boss Baader, Gudrun Ensslin und die anderen durch eine spektakuläre Aktion freizupressen.

»Deutscher Herbst«, das aber ist eigentlich die falsche, weil eher verharmlosende Begrifflichkeit. Was damals geschah, war viel mehr: nämlich das größte Drama in der Geschichte der alten Bundesrepublik. Ein Drama um Leben und Tod, ein Drama, das die innere Befindlichkeit der Republik veränderte – und sie zeitweise an den Rand des staatlichen Notstands zu bringen schien. Und an den Rand dessen, was ein Rechtsstaat wohl gerade noch verantworten konnte.

Zum Drama gehört auch, dass es schon früh einen Hinweis auf ein mögliches Versteck knapp 20 Kilometer entfernt vom Entführungsort Köln gab. Einen Hinweis, der zu Durchsuchungen im rheinischen Erftstadt und mit großer Wahrscheinlichkeit zur Entdeckung dieses Verstecks und vielleicht Schleyers Befreiung geführt hätte – wenn die Regeln polizeilichen Handwerks denn hätten greifen können. Warum dies nicht geschah, sollte damals im Auftrag der Bundesregierung und der nordrhein-westfälischen Landesregierung untersucht werden. Der Untersuchungsführer Hermann Höcherl, ehemaliger Staatsanwalt, Richter und Bundesinnenminister, musste nach wochenlangen Recherchen passen. Er konnte nur feststellen, dass jenes Fernschreiben mit der Nummer 827, das den alles entscheidenden Hinweis enthielt, im Kölner Polizeipräsidium verschwunden war. Wohl am späten Abend des 9. September oder in der Nacht oder im Laufe des 10. September. Ein Ermittlungsverfahren der Staatsanwaltschaft Köln, das in der Öffentlichkeit nie bekannt wurde, zeitigte ebenfalls keinerlei Erkenntnisse. Kein Wunder: Es wurde mit bedenklicher Nachlässigkeit betrieben, warum auch immer.

Die Suche nach Schleyer löste vom ersten Tag an große Unruhe in Ost-Berlin aus. Angesichts der massiven Fahndungsmaßnahmen befürchteten die Oberen des DDR-Ministeriums für Staatssicherheit (MfS), der Stasi also, in ihrem sorgsam gesponnenen Agentennetz in Westdeutschland, dem »Operationsgebiet«, könnten mit erheblicher Mühewaltung eingeschleuste Spione bei plötzlichen Razzien oder Personenkontrollen enttarnt werden. Deshalb starteten Stasi-Experten ein voluminöses Abhörunternehmen – um zeitnah auf Polizeiaktionen reagieren zu können. Der Schutz ihrer Zuträger und Helfer hatte höchste Priorität. Abgeschöpft wurde alles, was abgeschöpft werden konnte: Telefonate, Fernschreiben, Funkverkehr. Es liegt auf der Hand, dass die Stasi so an Informationen gelangte, die sich als hochbrisant erwiesen.

Überhaupt kreuzen sich im Fall Schleyer ostdeutsche und westdeutsche Zeitläufte auf bisweilen erstaunliche Weise. Zu den Merkwürdigkeiten zählt etwa ein vom MfS in Auftrag gegebenes Dossier zu Schleyers SS-Vergangenheit, das ab Juli 1976 ausgerechnet von einem früheren SS-Mann erstellt wurde, der zur Stasi übergelaufen war. Oder die Tatsache, dass sich in dem Erftstädter Hochhaus, in dem die Terroristen Schleyer versteckten, vor der Entführung schon fast zwei Jahre lang eine konspirative Wohnung der DDR-Auslandsspionage befunden hatte.

Die Autoren, beide sind beziehungweise waren Redakteure des Hamburger Nachrichtenmagazins *Der Spiegel*, haben die deutsch-deutschen Schnittpunkte im Fall Schleyer nachrecherchiert und betten ihre Ergebnisse ein in den Versuch, zu erklären, mit welcher Rasanz sich in der Bundesrepublik aus der implodierten Bewegung der sogenannten 68er der linke Terrorismus und die RAF entwickelten.

Auch konnten bislang nicht oder nur schwer zugängliche Dokumente ausgewertet werden. Eine interessante Quelle war etwa das Protokoll der nichtöffentlichen Sitzungen des »Ausschusses für Innere Verwaltung« des NRW-Landtags am 9. und 10. März 1978. Ebenfalls eingesehen werden konnten einschlägige Akten der Polizeiabteilung des Düsseldorfer Innenministeriums und des in dieser Behörde angesiedelten Verfassungsschutzes. Neue Erkenntnisse lieferten auch ein umfängliches Papier der Stasi-Sondereinheit »Zentraler Operativstab« und die Interviews mit Zeitzeugen, die bislang nicht befragt worden waren – oder geschwiegen haben. So zum Beispiel die mit der Ex-MfS-Agentin Elke Hier, die von 1974 bis Ende 1977 in Erftstadt lebte. Elke Hier ist ein Tarnname.

Dies ist der Hintergrund, vor dem in diesem Buch nach einer Erklärung dafür gesucht wird, warum der frühe Hinweis auf Schleyers Versteck, niedergeschrieben im Fernschreiben 827, an der entscheidenden Stelle nicht ankam. Vorweg: Eine endgültige Antwort, eine *Smoking Gun*, gibt es nicht, und konkrete Belege, dass nachrichtendienstliche Aktivitäten Ost-Berlins die westdeutschen Ermittlungen damals direkt beeinflussten, ließen sich keine finden. Dennoch, die Gegenüberstellung der teils unbekannten Geschehnisse in Ost und West eröffnet neue Perspektiven auf den Fall Schleyer – und könnte deshalb zu neuen Schlüssen führen.

Zwei redaktionelle Hinweise: Die RAF schrieb ihre Texte, zum Beispiel sogenannte Bekennerschreiben oder Mitteilungen ans Bundeskriminalamt, aus Prinzip in Kleinbuchstaben. Der besseren Lesbarkeit wegen wurde dies nicht übernommen. Fiktive Namen von Informanten, denen Diskretion zugesichert wurde oder die nicht identifizierbar sein sollen, wurden kursiv gesetzt. Das gilt auch für jene Personen, die zwar mit ihrem richtigen Namen in Ermittlungsakten stehen, mit denen die Autoren aber aus unterschiedlichen Gründen nicht haben sprechen können.

PROLOG

Tag 44 der Geiselnahme. Tag der Entscheidung. Freiheit, Leben – oder Tod. Exekution.

Dienstag, der 18. Oktober 1977, später Vormittag. Ein Hochhaus am Rande von Brüssel. Siebter oder achter Stock, eine Drei-Zimmer-Wohnung. Hanns Martin Schleyer hat geduscht. Er hat sich rasiert, die Haare sind frisch geschnitten. Sein blau-grau gestreiftes Oberhemd, Kragenweite 43, ist ziemlich neu, ein holländisches Produkt. Die Hose trug er schon am Tag seiner Entführung. Im Bund steckt noch das Etikett einer Stuttgarter Wäscherei mit der Auftragsnummer T 2 6037.

Sechs Wochen hat er in »Volksgefängnissen« verbringen müssen. So nennen die Terroristen der Roten Armee Fraktion, seine Kidnapper, zynisch ihre Verstecke. Erst eine Wohnung im rheinischen Liblar, einem Ortsteil von Erftstadt. Dann die im niederländischen Den Haag, dann Brüssel. Geplant war ein viertes Versteck. Wahrscheinlich im nordfranzösischen Lille, gut 100 Kilometer von Brüssel entfernt.

Nie hatte Schleyer gewusst, wo er gerade war. Wenn er von Ort zu Ort transportiert wurde, dann im Kofferraum eines Autos. Oder in einem großen, breiten Weidenkorb auf der Ladefläche eines Transporters.

Nie hat er geklagt. Nie wirklich die Selbstbeherrschung verloren. Nie hat er sich aufgelehnt.

Und er weiß nicht, was alles in den letzten 72 Stunden geschehen ist. 72 Stunden voller Dramatik.

Am 15. Oktober hatte Schleyers ältester Sohn Hanns-Eberhard, Jurist wie der Vater, das Bundesverfassungsgericht in Karlsruhe angerufen. Die Bundesregierung, »vertreten durch den Bundeskanzler«, sollte, so verlangte der Sohn von den höchsten deutschen Richtern, unverzüglich elf RAF-Häftlinge freilassen und ihnen »freie Ausreise« garantieren – dies war von Beginn an die Forderung der RAF-Terroristen gewesen: Schleyers Freilassung im Austausch für die Gesinnungsgenossen.

Der Bundeskanzler, Helmut Schmidt von der SPD, und Schleyer, der konservative Wirtschaftsführer, kannten sich gut – und sie schätzten sich. Allen vermeintlichen Gegensätzen zum Trotz.

Die mündliche Verhandlung begann um 21.30 Uhr, acht Stunden später erging der Beschluss: Antrag abgelehnt. Allein die »zuständigen staatlichen Organe« hätten zu entscheiden, wie denn in solch einer schwierigen Situation zu »reagieren« sei, erklärten die Verfassungsrichter. Des Kanzlers Votum also galt. Und Schmidt hatte schon kurz nach dem Blutbad und Schleyers Entführung in Köln am 5. September beschlossen, um keinen Preis nachzugeben, niemals. Staatsräson als Gradmesser über Sein oder Nichtsein. Ein bitterer juristischer Sieg. Wohl der bitterste Sieg, den Regierende je in der Bundesrepublik errungen haben.

Schleyer weiß auch nicht, dass hochtrainierte Bundesgrenzschützer in der Nacht zum 18. Oktober auf dem Flugplatz von Mogadischu, der Hauptstadt des ostafrikanischen Landes Somalia, die vier Tage zuvor entführte Lufthansa-Maschine »Landshut« gestürmt und drei der vier palästinensischen Geiselnehmer erschossen hatten; eine Täterin überlebte. Alle Passagiere, unter ihnen mehrere Kinder, blieben unverletzt.

Dieses Hijacking war das allerletzte Druckmittel. Gewissermaßen ein Freundschaftsdienst der Palästinenser, der langjährigen Verbündeten der RAF.

Und Schleyer weiß nicht, dass nach den ersten Radiomeldungen die Terroristen, deren Freilassung einziges Ziel aller Gewalttaten der letzten zwei Jahre gewesen war, sich selbst im Gefängnis von Stuttgart-Stammheim gerichtet hatten. Andreas Baader, der unumstrittene RAF-Chef, und sein Gefolgsmann Jan-Carl Raspe mit eingeschmuggelten Pistolen. Gudrun Ensslin, Baaders Vertraute, erhängte sich am Gitter des Zellenfensters. Irmgard Möller, eine Gefolgsfrau beider, wollte sich mit einem Besteckmesser erstechen. Sie überlebte.

Die Selbstmorde waren Akte perfider Berechnung, die nur eines produzieren sollten: den Mythos vom mordenden Staat. Die Mär vom Staat, der jene umbringt, die sich gegen ihn stellen. Den Spitzenleuten der RAF draußen jedoch war längst bekannt, was nach der Niederlage von Mogadischu geschehen würde – die, wie die Gefangenen sie bezeichneten, »suicide action«.

Brüssel, wiederum nur Stunden später, Tag 44. Einige aus dem Schleyer-Kommando haben sich bereits abgesetzt in den Irak. Andere sind vor Ort geblieben, als Bewacher der Geisel.

Über einen Fernschreiber, der in einem Brüsseler Postamt nahe dem »Volksgefängnis« steht, läuft die Kommunikation. Die Telex-Nachricht aus Bagdad klingt unverfänglich: »Wir müssen das Geschäft jetzt zum Abschluss bringen, die letzte Ladung ist verdorben. Seht ihr das auch so?«

Die ganz kurze Antwort: »Okay.«

Okay. Das Todesurteil.

Bei einer anderen Entscheidung, nämlich Schleyer einfach laufen zu lassen, hätte die RAF »fürchten müssen, als Terrororganisation, als Guerilla, nicht mehr ernstgenommen zu werden«, konstatierte später das Oberlandesgericht Stuttgart. Einigen aus dem zweiten oder dritten Glied wäre dies wohl egal gewesen. Keiner jedoch wagte es, sich offen für eine Freilassung Schleyers auszusprechen. »Das hätte nicht ins Bild der omnipotenten RAF gepasst«, sagt Peter-Jürgen Boock, der Ex-Terrorist. Omnipotent: welche Hybris, welch maßlose Selbstüberschätzung, und schon deshalb konnte es für den Mördertrupp nur eine Entscheidung geben – »unheimlich konsequent« zu sein, »bis zum bitteren Ende«. So hat es Stefan Wisniewski formuliert, einer der RAF-Killer.

In der Brüsseler Tiefgarage steht ein Wagen bereit. Schleyer akzeptiert wohl klaglos, dass er sich wieder in den Kofferraum eines Autos legen muss. Ein letzter Trip nur, geht schnell, reine Sicherheitsmaßnahme, sagt jemand: Spuren verwischen. Vielleicht ist Schleyer tatsächlich überzeugt, bald schon der Gefangenschaft entronnen zu sein, und in diesem Fall, so hat er es einem langjährigen Freund auf Tonband mitteilen können, ist für ihn klar: »Ich weiß, dass ich etwa 30 Minuten nach meiner Freilassung über Telefon meine Familie unterrichten kann.« Die Familie, die seit Wochen bangt, leidet, hofft. Waltrude, die Gattin, die er nur Trudel nennt. Die vier Söhne Hanns-Eberhard, Arnd, Dirk, Jörg, seine Schwiegertöchter, das Enkelkind.

Und Schleyer hatte, so jedenfalls schilderte es Boock, stets »eine Art Kompromiss im Kopf«. Die Bundesregierung sei doch in der Lage, die RAF-Häftlinge in ein Land fliegen zu lassen, »wo sie dann nichts mehr anstellen können. Er hat geglaubt, ein solcher Kompromiss wird sich finden.« Unter guten Bekannten wie Schmidt, unter Freunden wie Helmut Kohl, dem einflussreichen Vorsitzenden der CDU und der Unionsfraktion im Deutschen Bundestag.

Wohin Schleyers letzte Fahrt ging, ist bis heute nicht bekannt – nur die Täter selbst wissen es. Eine Autostunde westlich von Brüssel, zwischen Mouscron und den französischen Städtchen Tourcoing und Roubaix, lag ein von ihnen ausgekundschafteter Weg. Es kann sein, dass sie hier die grüne Grenze überquerten. Es kann auch sein, dass sie, auf belgischem Gebiet bleibend, ein paar Kilometer weiter nach Nordwesten fuhren. Dorthin, wo einige der blutigsten Schlachtorte des Ersten Weltkriegs lagen. Ypern, Kemmel – oder Langemarck.

Nahe Langemarck sollen, im November 1914, Soldaten des Kaisers jubilierend (»Deutschland, Deutschland über alles!«) gegen die »erste Linie der feindlichen Stellungen« marschiert sein und 2000 Gefangene gemacht haben, vermeldete offiziell die Oberste Heeresleitung. Dies waren, gewissermaßen, Fake News. Denn in Wahrheit sind die jungen Männer, fast ausnahmslos Studenten, verheizt worden, gnadenlos.

Fortan jedoch wurden vermeintlicher Enthusiasmus und angebliche Opferbereitschaft von vielen in der Heimat als entscheidende Werte für wahren Patriotismus definiert – und natürlich verklärt. Der Schriftsteller und Hitler-Verehrer Will Vesper, Vater des zeitweiligen Ensslin-Lebensgefährten Bernward Vesper, dichtete 1915 inbrünstig: »Sie liefen mit Gesange – es war ihnen gar nicht bange – weit in den Feind hinein.« Ein ganzer Kult entstand, und fast folgerichtig organisierten die Nationalsozialisten nach der sogenannten Machtergreifung im März 1933 ein »Langemarck-Studium«, das begabte junge Männer ohne Abitur in 18-monatigen Lehrgängen auf die Universität vorbereiten sollte. Schleyer war, 1941, im von NS-Truppen besetzten Prag »wirtschaftlicher Leiter« dieser besonderen Form einer vorakademischen Schulung.

Wo die Terroristen das Auto mit Europas meistgesuchtem Mann im Kofferraum am 18. Oktober anhalten, wird ebenfalls nicht bekannt werden. Vielleicht tatsächlich bei Langemarck. Die RAF nämlich reklamierte stets ein »Gespür für historische Situationen« für sich (Boock). Ein solcher Tatort könnte passen.

Schleyer wird, so die Rekonstruktion, aus dem Kofferraum gezerrt. Er muss niederknien. Oder sich auf den Bauch legen, die Stirn im Gras. Drei Schüsse fallen binnen Sekunden, Hohlspitzgeschosse, wie sie Jäger verwenden. Die Distanz zwischen Körper und Waffe, es ist ein Revolver der Marke Smith & Wesson: keine 50 Zentimeter, eher 20. Nahschüsse.

Eine Kugel durchschlägt Schleyers Schädel von links oben nach rechts unten. Zwei Projektile bleiben stecken. Der Kreislauf sackt jäh ab, die Atmung setzt aus. Direkte Folge: eine Luftembolie im Herz. Schleyer ist nicht sofort tot. Er muss noch gelebt haben, wohl zwei Minuten lang.

Tags drauf, Mittwoch, 16.21 Uhr. Eine Frau ruft im Stuttgarter Büro der Deutschen Presse-Agentur an. Sie redet langsam, ruhig, fast bedächtig: »Hier RAF. Wir haben Hanns Martin Schleyers klägliche und korrupte Existenz beendet. Für unseren Schmerz und unsere Wut über die Massaker von Mogadischu und Stammheim ist sein Tod bedeutungslos. Wir werden Schmidt diese Blutbäder nie vergessen. Der Kampf hat erst begonnen.«

Die Frau am Telefon hat für den Bundeskanzler noch einen »Hinweis«: Er finde Schleyer »in der Rue Charles Péguy in Mülhausen in einem grünen Audi mit Bad Homburger Kennzeichen«. Mülhausen im Elsass, die deutsche und die schweizerische Grenze sind nicht weit entfernt. Rückfrage der dpa-Sekretärin: »Irgendeine Legitimation?« Antwort: »Wenn Sie den Wagen aufmachen, werden Sie schon sehen.«

Eigentlich hatten die Mörder vor, den Audi mit Schleyers Leiche nahe dem Bonner Kanzleramt, dem Dienstsitz von Helmut Schmidt, abzustellen. Das jedoch trauten sie sich nicht: Feigheit vor dem Feind. Jetzt ist der Wagen am Gehweg vor einer halb verfallenen Villa geparkt, in deren verwildertem Garten Taxusbüsche wachsen. Als eilig herbeigerufene Experten der Polizei signalisieren, dass das Auto nicht – wie befürchtet – vermint ist, wird es abgeschleppt, dann der Kofferraum geöffnet.

Den Beamten bietet sich ein Bild wie aus einem Mafiafilm. Der Autor des Polizeiberichts formuliert in amtlicher Nüchternheit: »Die Leiche liegt [...] auf einer im Kopfbereich blutverschmierten blauen Wolldecke. Der Kopf befindet sich neben der linken Bordwand des Kofferraumes. Der Oberkörper liegt in kombinierter Rücken-/linker Seitenlage. Von der Hüfte abwärts befindet sich der Körper in linker Seitenlage.«

Die Augen sind geschlossen, auch die Lippen. Zwischen Oberlippe und Unterlippe ein getrockneter Grashalm und ein Haar, Grashalme finden sich auch im Gesicht und unter dem Körper. Auf der Wolldecke Kiefernnadeln, im Inneren des Autos Pflanzenteile. »Die entnommenen Spuren lassen vermuten«, so das Fazit der Ermittler, »dass sich der Ermordete in einem Mischwald von Kiefern und Birken befunden hat, auf einem kieselhaltigen und feuchten Boden.«

Rue Charles Péguy – auch der Wahl dieser Adresse mag, wie bei Langemarck, ein gewisses Maß an Symbolik zugrunde gelegen haben. Der Dichter Péguy war eine Zeit lang strammer Sozialist; von ihm stammt der Satz: »Weg mit den Polstersesseln, einen Schemel unter den Hintern.« Soll heißen: Weg mit allen bourgeoisen Typen, Proletarier voran.

1914, kurz nach Ausbruch des Ersten Weltkriegs, starb Péguy als Leutnant auf dem Schlachtfeld. Durch einen Kopfschuss. Der Tag seines Todes: der 5. September.

Das ist der Tag der Entführung Schleyers und der brutalen Morde an seinen vier Begleitern. Ein Tag, der die bis dahin schwerste innenpolitische Krise der Bundesrepublik auslöste. Bald schon sollte sie mit einer düster klingenden Metapher belegt werden – »Deutscher Herbst«. Keine Wortschöpfung der linken Szene, wie oft behauptet wurde. Erdacht hat diesen Begriff ein Redakteur der schwedischen Zeitung *Dagens Nyheter.*

Diese »Krise vom Herbst«, wie sie der Historiker Heinrich August Winkler genannt hat, hätte es möglicherweise nie gegeben – wenn ein Fernschreiben aus der Polizeiabteilung der Erftkreis-Verwaltung vom 9. September 1977, es trug die Nummer 827, an der richtigen Stelle angekommen und ordnungsgemäß bearbeitet worden wäre. Schleyer hätte, mit großer Wahrscheinlichkeit, gerettet werden können.

An eben jener Stelle kam es nicht an. Helmut Schmidt erklärte, Jahrzehnte später, es seien halt »kleine Provinzpolizisten« am Werke gewesen, soll heißen: eher ahnungslose Beamte. Damit lag er grundlegend falsch, in jedweder Hinsicht. Schmidts Parteifreund Axel Wernitz, damals innenpolitischer Experte der SPD-Fraktion, sprach von »Panne, also eher Schlamperei«. Für andere war ein »Kompetenzloch« schuld – oder ein »individueller Fehler« oder eine »eindeutig mangelnde Sachbearbeitung«. Der hessische CDU-Politiker Alfred Dregger wusste: »Dies war die größte Fehlleistung in der deutschen Polizeigeschichte.« Ein Desaster halt. Ein Waterloo.

Warum aber das entscheidende Fernschreiben tatsächlich verloren ging und verloren blieb, ist bis heute ungeklärt. Bislang wurden vor allem zwei mögliche Ursachen diskutiert. Öffentlich die These vom zufälligen Büroversehen, von mieser Arbeit. Intern die Vertuschungsthese, nach der möglicherweise ein schuldbewusster Beamter den zu spät oder zu nachlässig bearbeiteten Hinweis klammheimlich aus den Akten entfernt haben könnte – »zur Vermeidung einer Bloßstellung«, wie es die Staatsanwaltschaft Köln später in einem Ermittlungsverfahren formulierte.

Eine dritte Möglichkeit hingegen wurde nie untersucht – ob das Verschwinden des Fernschreibens vielleicht mit bemerkenswerten Geheimdienstaktivitäten im Raum Köln-Bonn zu tun haben könnte. Wegen einer ebenso zufälligen wie bizarren Koinzidenz der Ereignisse war nämlich das Hochhaus, in dem Schleyers erstes »Volksgefängnis« untergebracht war, nicht nur für die Terroristen der RAF von Bedeutung, sondern auch für die Auslandsspionage der DDR. Und, etwas später, für die westdeutsche Spionageabwehr.

*

Erftstadt, 17 Kilometer südwestlich von Köln. Bonn, die Bundeshauptstadt, ist gut eine halbe Autostunde entfernt. Ein ziemlich neues Stadtgebilde auf ganz altem Boden. Schon in der Jungsteinzeit siedelten hier Bauern, in römischer Zeit lief durch den heutigen Ortsteil Liblar einer der wichtigsten Transportwege des Imperium Romanum – von Köln über Bitburg, Trier, Metz und Lyon bis ans Mittelmeer. Der bekannteste Sohn heißt Carl Schurz. Als junger Bonner Student, 1848, hatte er sich der demokratischen Bewegung angeschlossen. Er ging ins Exil und wanderte 1852 nach Amerika aus. Von 1877 bis 1881 amtierte er dort als Innenminister.

Eine der kürzesten Straßen in Liblar trägt einen interessanten Namen: Zum Renngraben. Sie ist gerade mal 200 Meter lang, links und rechts ein paar Einfamilienhäuser. Am Ende steht ein gewaltiger Hausklotz: 15 Stockwerke hoch, Dutzende Wohnungen, eine weitläufige Tiefgarage. Die Adresse: Zum Renngraben 8.

Erftstadt, besonders Liblar, ist für viele, die in Köln arbeiten oder in Bonn, ein beliebter Wohnort. Für Journalisten etwa, auch für Politiker wie den prominenten Sozialdemokraten Hans-Jürgen Wischnewski, einen der Schmidt'schen Troubleshooter. Und Liblar ist eben ein hochinteressanter Flecken für ostdeutsche Spezialisten – die Spionageprofis der Hauptverwaltung Aufklärung (HVA), die der legendäre Markus Wolf befehligt.

Ab Anfang Februar 1974 wohnte im achten Geschoss, ganz links, ein junges Paar: Elke Kolodzey und Manfred Hier. Im Jahr darauf, am 16. Mai 1975, heirateten sie, die Ehe wurde geschlossen auf dem Standesamt in Erftstadt-Lechenich. Zur Feier rauschten die Vermählten in einem amerikanischen Schlitten mit acht Zylindern davon.

Dies war, zum Zwecke der Camouflage, die zweite Hochzeit der beiden.

Bei der ersten, realen Eheschließung Jahre zuvor in der DDR hatte nicht mal ein zweizylindriger Trabi zur Verfügung gestanden. Manfred Hier heißt eigentlich *Michael Schall*, geboren 1948 in Erfurt. Und Elke Kolodzey eigentlich *Hannelore Raute*, geboren 1944. Er gelernter Rohrschlosser, Maschinenbau-Student, Sekretär für Agitprop, Funktionär der Freien Deutschen Jugend (FDJ), in der die Staatspartei den Nachwuchs heranzog. Sie wissenschaftliche Mitarbeiterin an einer Universität. Zwei intelligente Typen, die vom Wesen her völlig unterschiedlich sind und sich dennoch ergänzen. Der Schlacks *Michael Schall*: impulsiv, kontaktfreudig, ein Sunnyboy. Die gut aussehende *Hannelore*: beherrscht, ruhig, abgeklärt.

Ein Paar, das interessant war für die HVA und die Chefs der Abteilung VI, zuständig für eine der schwierigsten Aufgaben. Nämlich Agenten in der Bundesrepublik – dem »Operationsgebiet« – so geschickt zu platzieren, dass sie möglichst lange unerkannt arbeiten und spionieren konnten für den SED-Staat. Zum Beispiel in Parteien oder Universitäten. Oder Stadtverwaltungen.

Am 1. Februar 1970 wurden die *Schalls* als sogenannte Hauptamtliche Inoffizielle Mitarbeiter verpflichtet. Und *Hannelore Schall* wurde – auf dem Papier – fünf Jahre jünger gemacht. Nur so konnte glaubwürdig erklärt werden, dass sie ein Kind der Eheleute Kolodzey sei. Die hatten, ein typischer Dreh der Stasi, von dieser Manipulation keine Ahnung.

Paul Kolodzey, Jahrgang 1914, Unteroffizier in Hitlers Wehrmacht, war kurz vor Ende des Zweiten Weltkriegs in Gefangenschaft geraten. Zwei Jahre saß er in einem Camp der Briten – und entschied sich nach seiner Freilassung, erst einmal auf der Insel zu bleiben, wie etwa 20 000 andere Ex-Soldaten auch. Er verdingte sich nahe London als Landarbeiter, lernte eine Österreicherin kennen, die er 1949 heiratete – deshalb das getürkte Geburtsdatum der vermeintlichen Tochter: 8. Februar 1949 im Londoner Stadtteil Hammersmith.

1967 kehrten die Kolodzeys England den Rücken und baten um Aufnahme in der DDR. Paul Kolodzey konnte sich legitimieren mit einem westdeutschen Reisepass, ausgestellt von der Botschaft in Englands Hauptstadt.

Kolodzey wurde so zum Mädchennamen der HVA-Agentin *Schall*, und den benutzte sie auch, als sie in London – in Vorbereitung auf ihren Einsatz in der Bundesrepublik – einen mehrmonatigen Sprachkurs belegte. Bald darauf quartierte sie sich im schottischen Hawick ein und bat, ganz schön frech, das bundesdeutsche Generalkonsulat in Edinburgh darum, ihr doch das Antragsformular für einen Reisepass zu schicken.

Dies sei, sagt Elke Hier heute, damals eigentlich das »wichtigste Ziel« für den Großbritannien-Trip gewesen. Das Formular kam rasch, sie füllte es aus, legte ein Porträtfoto samt gefälschter Geburtsurkunde bei. Wenig später nur war *Hannelore Schall* tatsächlich im Besitz eines bundesdeutschen Reisepasses. Und damit, als Elke Kolodzey, Bürgerin der Bundesrepublik Deutschland.

Ihre Auftraggeber von der Stasi hatten angeordnet, welche Behörde sie »infiltrieren« sollte, wie es im Jargon der Geheimen heißt – nämlich ein westdeutsches Einwohnermeldeamt. Ursprünglich wurde das Bonner ins Auge gefasst. Dann entschied die HVA-Spitze anders. Köln.

Und sie legte auch fest, wo *Michael* und *Hannelore Schall* alias Manfred Hier und Elke Kolodzey wohnen sollten: in Erftstadt.

Tatsächlich gelang es Kolodzey, im Februar 1974 bei der Kölner Stadtverwaltung anzuheuern – und sie machte sogar Karriere. Im November 1976, das Paar wohnte mittlerweile im Ortsteil Dirmerzheim, wurde sie zur Gruppenleiterin in der Meldehalle des Bereichs Innenstadt befördert, ausweislich ihrer immer noch existierenden Personalakte zuständig für die »Sachgebiete Meldeangelegenheiten, Lohnsteuerangelegenheiten«. Ein Job, der für die HVA besonders wichtig war. Eingeschleuste Agentinnen und Agenten konnten von willigen Helfern in Einwohnermeldeämtern mit echten Papieren ausgestattet werden – ohne großes Risiko.

Spione wie Elke und Manfred Hier, »Kundschafter« genannt, standen staatlicherseits ganz oben in der Ansehensskala. In einem Kommentar der Radiosendung *Stimme der DDR* hieß es, solche Frauen und Männer würden »unserer Gesellschaft in einer bewundernswerten Weise unter sehr schwierigen Bedingungen helfen«. Schwierig schon deshalb, weil sie, möglicherweise über viele Jahre hinweg, »auf das gesicherte Leben und Wirken unmittelbar in der sozialistischen Gesellschaft« verzichten müssten.

Die Sicherheit dieser Kundschafter lag MfS-Chef Erich Mielke besonders am Herzen. Ihn trieb die Sorge um, die intensive Fahndung nach Terroristen könnte wichtige »Operationen« gefährden. Operationen wie die des Ehepaars Hier aus der HVA-Abteilung VI. Eine polizeiliche Überprüfung etwa der Adresse Zum Renngraben 8 in Erftstadt-Liblar – dort betrieb das Agentenpaar ja knapp zwei Jahre lang eine sogenannte illegale Residentur – hätte für Spione womöglich ähnlich fatale Folgen haben können wie für die Kämpfer der RAF: Enttarnung, Festnahme, Verurteilung.

»WIR SCHLAGEN ALLES KAPUTT«

Drei Buchstaben: RAF – Rote Armee Fraktion. Vier Hauptdarsteller: Baader, Meinhof, Mahler, Ensslin. Das Terroristen-Quartett der ersten Stunde.

Gudrun Ensslin, Jahrgang 1940. Pfarrerstochter aus dem Schwäbischen, Mutter eines kleinen Sohnes. Pädagogin, dann Studentin der Germanistik, Doktorandin, Stipendiatin der Studienstiftung des deutschen Volkes. Eine schmale, grazile Frau mit dem »Hang zum Absoluten«, wie Günter Grass sie beschrieben hat. Der Schriftsteller (*Die Blechtrommel*) schlug 1965 die Wahlkampftrommel für Willy Brandt, den Kanzlerkandidaten der SPD. Gudrun Ensslin gehörte zu seinem Team.

Horst Mahler, Jahrgang 1936. Ein bizarrer, verquerer Typ, auch er gefördert von der Studienstiftung. Bei der Bewerbung für das Stipendium erklärte er, welcher Beruf ihn brennend interessierte: Politiker. Der Burschenschaftler Mahler war einerseits Mitbegründer des linken »Republikanischen Clubs« in Berlin, andererseits Geldspender für die rechtsradikale NPD, mehr Gegensatz geht nicht. Er wurde Jurist, beriet als Rechtsanwalt sinistre Abschreibungskünstler, verteidigte einen früheren KZ-Aufseher. Und ebenso Peter Brandt, den ältesten Sohn Willy Brandts: angeklagt wegen »Auflaufs«, verurteilt zu einer Geldstrafe, 400 D-Mark.

Ulrike Meinhof, Jahrgang 1934, ebenfalls Ex-Stipendiatin, deren »geistige Fähigkeiten zu großen Hoffnungen« berechtigten, hieß es 1954 in einer Beurteilung. Bald schon veritable Journalistin, Kolumnistin und Chefredakteurin bei *Konkret*, dem in Hamburg erscheinenden, zeitweise mit Geldern aus der DDR finanzierten Blatt für intellektuelle Linke. Beiträge für das TV-Magazin *Panorama*, live im

Fernsehen in der sonntäglichen Diskutierrunde *Internationaler Frühschoppen*, was in der Branche als Adelsprädikat galt. Mutter von Zwillingstöchtern. Überzeugte Kommunistin – und doch sei sie in Hamburgs Society, so der Zeitzeuge und Lyriker Peter Rühmkorf, eine »verhätschelte Ausnahmeerscheinung« gewesen.

Andreas Baader, Jahrgang 1943. Er brach die Schule ab – behauptete aber, mit sechzehn als »Hochbegabter« Abitur gemacht zu haben. Er behauptete, nach ein paar Tagen Praktikum in einer Redaktion, auch, Journalist zu sein und Schriftsteller. Baader war ein Großmaul und ein Kleinkrimineller, der Motorräder klaute und keiner Prügelei aus dem Weg ging. Ein Macho mit Charme, der in PS-starken Sportwagen durch Berlin raste. Einer von luzider Intelligenz, der freilich lieber in *Asterix und Obelix* schmökerte als in den Werken von Karl Marx. Ein Typ, auf den die Frauen flogen. Und auch Männer. Seine Paraderolle: Rebell.

Der Kinofreak Baader hatte einen Lieblingsfilm, *Die Schlacht um Algier* – ein preisgekrönter Streifen, der vom Kampf der Algerier gegen die französische Besatzungsmacht in den Fünfzigerjahren handelt. Und vom Aufstieg des Draufgängers Ali La Pointe: erst Attentäter, dann von seinen Leuten gefeierter, charismatischer Guerillachef. Dieser Film könnte für Baaders Ideenwelt eine Art Blaupause gewesen sein. Und Ali La Pointe, der Frauentyp, eine Art Alter Ego. »Ficken und schießen«, sagte Baader, »sind ein Ding.«

Vier hochinteressante Biografien, vier Hauptdarsteller, die sich gegenseitig hochschaukelten. Bald schon waren sie Staatsfeinde, gejagt, verhaftet, verurteilt. Und irgendwie aber auch historische Figuren, die für eine Zäsur in der Bundesrepublik standen – knapp zwei Jahrzehnte nach deren Gründung.

In seinem Buch *Die skeptische Generation*, das 1957 erschienen war, hatte der Soziologe Helmut Schelsky noch prophezeit, diese, die junge nämlich, würde »nie revolutionär« agieren. Ein Befund, den Schelskys Kollege Ludwig von Friedeburg acht Jahre später in seiner mit

Jugend in der modernen Gesellschaft betitelten Studie bestätigte. Es gehe diesen jungen Menschen nicht darum, ihr Leben oder gar die Welt verändern zu wollen. Wichtig sei ihnen vor allem eines: das »persönliche Glück in Familienleben und Berufskarriere«.

Kapitale Irrtümer im Wissenschaftsbetrieb. Unter der restaurativen Oberfläche geriet die Bundesrepublik heftig in Bewegung – und das vermeintlich fehlende »Ferment produktiver Unruhe« (von Friedeburg) ging wider Erwarten schnell hoch, zuerst in Köln. Im Herbst 1966 demonstrierten dort Tausende Studenten und Schüler tagelang gegen eine von ignoranten Stadträten und Verwaltungsbeamten kleingeredete Erhöhung der Preise für Bahn- und Bustickets, die vor allem junge Menschen traf. Es war der erste große, auch international stark beachtete Jugendprotest hierzulande.

Ein Ereignis kurz nach diesen Kölner Wirren verstärkte die Atmosphäre der Unruhe. CDU/CSU und SPD einigten sich am 1. Dezember 1966 auf die erste Große Koalition. Die FDP, dritte und einzige sonstige Kraft im Parlament, war ein schwacher Haufen. Fortan konnte die Regierung ohne das Gegengewicht und Kontrollorgan einer schlagkräftigen Opposition agieren.

An der Spitze stand ein Kanzler, der Hitlers Partei angehört hatte und im NS-Außenministerium für Rundfunkpropaganda zuständig gewesen war: der Christdemokrat Kurt Georg Kiesinger. Ihm zur Seite: der Ex-Wehrmachts-Offizier Franz Josef Strauß von der CSU (als Finanzminister) und der ehemalige Widerstandskämpfer Brandt (als Außenminister). Für viele war dies eine Regierung der verlogenen Versöhnung, die sich, so der Publizist Wilhelm Bittorf, »in suspekter vaterländischer Eintracht« darauf verständigt hatte, die Verfassung zu ändern – um in »Krisenzeiten« gewappnet zu sein für den Fall eines »nationalen Notstands«.

Dies war, was oft vergessen wurde und wird, eine Forderung der Alliierten gewesen – schon 1955, nachdem sie die Bonner Republik in die Souveränität entlassen hatten. Die Begriffe Krisenzeiten und nationaler Notstand indes sind nie wirklich definiert worden. Aber wie der Staat in solchen Zeiten arbeiten solle, das war vorgezeichnet. Elementare Rechte sollten suspendiert werden können, etwa das Brief-, Post- und Fernmeldegeheimnis. Geplant war auch, die Bundeswehr innerhalb der Landesgrenzen einzusetzen. Das Unterfangen hieß: Erlass einer Notstandsverfassung.

In diesen hitzigen Zeitläuften war es gar nicht nötig, wie Kanzler Kiesinger es tat, »irrationale, ja dämonische Kräfte« herbeizureden, um zu begreifen, warum eine radikale, außerparlamentarische Opposition, kurz: APO, entstand und schnell zum politisch bedeutenden Faktor werden konnte. Enttäuschte Genossen der SPD gehörten dazu, Intellektuelle, Gewerkschafter, Schüler, Lehrlinge – und zum harten Kern Funktionäre des Sozialistischen Deutschen Studentenbunds (SDS).

Das Protestspektrum dieser heterogenen Bewegung war breit angelegt. Es ging gegen den Vietnamkrieg der Amerikaner (»USA, SA, SS!«, »Amis raus aus Vietnam!«). Es ging gegen verkrustete Strukturen und Missstände an den Universitäten; der griffige Slogan lautete: »Unter den Talaren der Muff von tausend Jahren«.

Und es ging gegen die anhaltende Sprachlosigkeit der Eltern – die Deportation der Juden, der Holocaust: für sie kein großes Thema. Die Verstrickungen der Wehrmacht in kapitale Kriegsverbrechen: kein Thema.

Anfangs, nach den schnellen Urteilen der Alliierten im Nürnberger Prozess gegen die Hauptkriegsverbrecher, hatten fast 80 Prozent der befragten Bürger es für richtig erachtet, alsbald alle NS-Führungskräfte auf die Anklagebank zu setzen. 1950, die Folgeprozesse waren kaum beendet, da stimmten gerade noch 38 Prozent dafür.

Das Unwort der Jahre lautete: Schlussstrich.

Kaum jemand interessierte sich dafür, dass schuldbeladene NS-Eliten hatten abtauchen können in neubürgerliche Sekurität und weitgehend unbehelligt blieben. Über den Umgang mit dem Millionenheer früherer NSDAP-Mitglieder urteilte der Politologe Eugen Kogon in der ihm möglichen Frivolität so: »Man kann sie nur töten oder gewinnen.« Nicht nur Zyniker sagten, das größte geschichtsbekannte Verbrechen sei abgeschlossen worden mit dem größten Resozialisierungswerk aller Zeiten – der sogenannten Entnazifizierung. Ein Beispiel nur: Zwei Drittel aller leitenden Positionen im Auswärtigen Amt waren mit ehemaligen Parteigenossen besetzt – mehr als zu den Zeiten des Hitlerregimes selbst.

Ursprüngliches Ziel war es gewesen, den Westdeutschen die Demokratie beizubringen. Dann galt die Maxime: Wer weiterhin die Entnazifizierung wollte, der gefährdete die Demokratie. Das war ein Paradigmenwechsel.

Viele APO-Gefolgsleute begriffen daher die am 30. Mai 1968 im Bundestag verabschiedeten und breit übers Grundgesetz verstreuten Notstandsgesetze, polemisch »NS-Gesetze« genannt, als Neuauflage des »Ermächtigungsgesetzes«[1] von 1933. Und als Vorboten eines kommenden autoritären Staates. Allerdings, und dies gehört zur historischen Wahrheit: Diese Notstandsgesetze sind immer nur theoretischer Natur geblieben, überdies legitimierte der vor allem auf Initiative des damaligen SPD-Fraktionschefs Helmut Schmidt ergänzte Artikel 20 des Grundgesetzes ein Recht auf Widerstand – nämlich »gegen jeden, der es unternimmt«, die verfassungsmäßige Ordnung »zu beseitigen«.

Der Westteil von Berlin, 2. Juni 1967. Reza Pahlavi, der Schah von Persien, ein reaktionärer Herrscher, ist mit seiner Frau Farah Diba auf Staatsbesuch. Tausende Menschen, vor allem junge, demonstrieren, etliche werden von Polizisten – und Gefolgsleuten des Schahs, darunter Geheimdienstler – brutal niedergeknüppelt. Nahe der Deutschen Oper, dort hat das Paar in hochmögender Begleitung Mozarts

[1] Das am 23. März 1933 verabschiedete »Gesetz zur Behebung der Not von Volk und Reich« erlaubte es Hitler, ohne Zustimmung des Reichstags und Gegenzeichnung des Reichspräsidenten Gesetze zu erlassen. Dies bedeutete de facto die Abschaffung des demokratischen Verfassungs- und Rechtsstaats der Weimarer Republik.

Zauberflöte genossen, schießt der Polizist Karl-Heinz Kurras gegen 20.30 Uhr im Hinterhof des Hauses Krumme Straße 66/67 aus anderthalb Metern Entfernung dem 26-jährigen Romanistikstudenten Benno Ohnesorg in den Hinterkopf. Angeblich aus Notwehr. Kurras behauptete später, wider die Wahrheit, Demonstranten hätten ihn mit Messern angegriffen.

Ohnesorg war zum ersten Mal auf einer Demo. Ein netter, harmloser Zeitgenosse, praktizierender Protestant, seine Frau ist schwanger. Regungslos liegt er auf dem Boden, eine Fotografie wird zur Ikone dieser Zeit. Es zeigt den Sterbenden, neben ihm kniet seine 22 Jahre alte Kommilitonin Friederike Dollinger, die Geschichte und Latein studiert. Sie hält ganz behutsam seinen Kopf.

Ohnesorgs Tod, gestand Friederike Dollinger später, habe in ihr »eine mir eigentlich fremde Radikalität« freigelegt: »Ich dachte, ich schau dem Faschismus ins Gesicht.« Der Jurastudent Ulrich K. Preuß, nachmals Professor in Berlin und Bremen, empfand »Grauen, ohnmächtige Wut, Verwirrung«.

Dieser Tag, der 2. Juni 1967, wurde für etliche Menschen zum Wendepunkt. Ein Tag der Trauer, der Verzweiflung, des Entsetzens. Und ein Tag, der bei vielen den Gedanken schärfte, auf staatliche Gewalt selbst mit Gewalt zu reagieren. Es war der Tag, so der Journalist und Historiker Michael Sontheimer, der den »Alptraum des Terrorismus« hervorbringen sollte.

Eine Stunde nach Mitternacht ließ Berlins Regierender Bürgermeister Heinrich Albertz (SPD) eine Erklärung verbreiten – und stellte sich kompromisslos hinter seine Polizei, die »bis an die Grenzen des Zumutbaren Zurückhaltung« geübt habe. »Die Geduld der Stadt ist am Ende«, auf das Konto einer Handvoll Demonstranten gingen »ein Toter und zahlreiche Verletzte. Die Polizei, durch Rowdies provoziert, war gezwungen, scharf vorzugehen [...].«

Der Tote – Ohnesorg. Von hinten erschossen. Von einem Kripomann.

Albertz' Darstellung war eine abenteuerliche Verdrehung der Fakten, die von einem Großteil der Presse im Regierungssinne gestützt wurde. Die *Bild* vermeldete unter der Schlagzeile »Demonstrieren – JA! Randalieren – NEIN!«, dass »ein junger Mann« gestorben sei, angeblich das »Opfer von Krawallen«, die »politisch Halbstarke inszeniert« hätten. »Sie müssen Blut sehen. Sie schwenken die rote Fahne und sie meinen die rote Fahne. [...] Die Deutschen wollen keine braune und keine rote SA.«

Und in der *B.Z.*, die wie *Bild* zum Imperium des Hamburger Verlegers Axel C. Springer gehörte, hieß es: Wer Berlin »in ein Rabaukennest verwandeln« wolle, der müsse eines in Kauf nehmen: »Härte«. Brutale Härte.

Am Morgen danach frühstückten der Schah und Albertz gemeinsam. Ob er von dem Toten gehört habe, fragte der Bürgermeister. »Ja, das geschehe im Iran jeden Tag«, soll Pahlavi geantwortet haben: »Sie müssen viel mehr erschießen, dann haben Sie hier Ihre Ruhe.«

Die dramatischen Berliner Ereignisse und die aufwühlenden Monate danach – Kurras war schnell freigesprochen worden, weil das Gericht »keine Ansatzpunkte für eine vorsätzliche Tötung« sehen konnte[2] – hatten selbst Bohemiens und Müßiggänger elektrisiert, so auch Andreas Baader. Eher zufällig traf Baader, der sich vorzugsweise in Künstlerkneipen und Schwulenbars herumtrieb, bei einer Politveranstaltung die Studentin Gudrun Ensslin, und bald schon waren sie ein Paar. Mit Freunden bretterten sie nachts durch Berlin und brüllten aus dem Autofenster: »Wir schlagen alles kaputt, wir schlagen alles kaputt.«

Gerade Baader schien plötzlich von revolutionärer Ungeduld erfasst – und drängte schnell auf radikale Aktionen. Einer seiner Vorschläge: den Turm der Kaiser-Wilhelm-Gedächtniskirche auf dem

[2] Erst im Mai 2009 wurde bekannt, dass Kurras (1927–2014) von 1955 bis mindestens 1967 Inoffizieller Mitarbeiter der Stasi gewesen war.

Breitscheidplatz in die Luft zu jagen. Und er prophezeite: Eines Tages werde er »auf dem Cover des *Spiegel*« zu sehen sein. Er sollte recht behalten.

Um die Stimmung der Stunde zu nutzen, bedienten sich Mitglieder der eigentlich clownesk-liberal angelegten, in Wahrheit aber »tendenziell totalitär« (Zeitgeschichtlerin Petra Terhoeven) operierenden Berliner »Kommune I« schamlos einer der größten Tragödien, die es im Europa der Nachkriegszeit gegeben hatte – des Brands im Brüsseler Kaufhaus »A l'Innovation«, bei dem am 22. Mai 1967 Hunderte Menschen ums Leben gekommen waren. Ein Drama, das die Kommunarden – ihr Lebensstil sollte eigentlich das Gegenmodell zur vermeintlich kleinkarierten bürgerlichen Familie sein – in perfider, menschenverachtender Weise bald schon koppelten mit den Abwürfen von Napalmbomben der Amerikaner im Vietnamkrieg.

In einem Flugblatt mit der Überschrift »Warum brennst Du, Konsument?« heißt es wörtlich: »Ein brennendes Kaufhaus mit brennenden Menschen vermittelte zum erstenmal in einer europäischen Grossstadt jenes knisternde Vietnamgefühl (dabeizusein und mitzubrennen), das wir in Berlin bislang noch vermissen müssen.«

Ein weiteres Flugblatt, die Nummer 7, eröffnete mit der Frage: »Wann brennen die Berliner Kaufhäuser?« – und endete so: »burn, ware-house, burn!« Bitterböse Provokationen, die im Sinne des Wortes zünden sollten.

»NATÜRLICH KANN GESCHOSSEN WERDEN«

Frankfurt am Main, die Nacht vom 2. auf den 3. April 1968. In zwei Kaufhäusern, für die Täter Symbole einer verwerflichen Konsumgesellschaft (»Wir zünden Kaufhäuser an, bis ihr aufhört zu kaufen«), gehen fast gleichzeitig kurz vor Mitternacht Brandsätze hoch. Niemand wird verletzt, und schon 48 Stunden später meldet die Polizei die Festnahmen von Andreas Baader, Gudrun Ensslin und zwei Mittätern.

Westberlin, 11. April, Gründonnerstag. Auf dem Kurfürstendamm, vor der Zentrale des SDS, lauert der 23 Jahre alte Hilfsarbeiter Josef Bachmann, in seinem Hosenbund steckt ein Revolver. Kurz zuvor hat Bachmann in der rechtsradikalen *Deutschen National-Zeitung* gelesen: »Stoppt Dutschke jetzt! Sonst gibt es Bürgerkrieg.« Bei Bachmann daheim, in München, hängt ein Hitler-Porträt.

Rudi Dutschke, der wortgewaltige Student der Gesellschaftswissenschaften, war der führende Kopf der APO, Vordenker des SDS – und befreundet mit der *Konkret*-Kolumnistin Ulrike Meinhof. Ein Star unter den 68ern, aber auch ziemlich umstritten. Dass er etwa für die Titelseite des Wirtschaftsmagazins *Capital* posierte mit dem *Kapital* von Karl Marx unterm Arm und sich vom Promi-Fotografen Charles Wilp ablichten ließ in bürgerlichem Gehabe, dies hatte die Szene zum Grollen gebracht und einen Antrag auf Ausschluss aus dem SDS nach sich gezogen. Das freilich ist heute vergessen – ganz im Gegensatz zu Dutschkes Postulat vom »langen Marsch durch die Institutionen«. Hieß: eine Veränderung des gesellschaftlichen und politischen Systems, das repressiv und manipulativ sei, Schritt für Schritt zu erreichen. Ein Marsch nach ganz links, den Kapitalismus überwindend, ins Antiautoritäre hinein.

Und ein Slogan lautete: »Trau keinem über 30!« Das hatte wenig zu tun mit der ebenfalls erhobenen Forderung nach sexueller Liberalisierung, es ging tatsächlich ums Lebensalter. Nur wer jünger war als dreißig, der konnte keine eigenen Kriegserlebnisse als Soldat gehabt haben. Und der konnte dann nicht infiziert sein vom Stolz des Wiederaufbaus, der die hässliche deutsche Vergangenheit tatsächlich oftmals in Nebelfeldern versinken ließ.

Das Denkmodell der 68er schien nicht von vorneherein zur Erfolglosigkeit verdammt, ganz im Gegenteil: Gut ein Drittel aller Gymnasiasten und Studenten zwischen 17 und 25 Jahren sympathisierte mit marxistischen und kommunistischen Ideen, zwei Drittel standen dem Bonner Parteiensystem mit Misstrauen gegenüber. Es gab für sie, und auch für etliche Lehrlinge, ein Faszinosum: Revolution.

Und sie himmelten den argentinischen Guerillero Che Guevara an, der gefordert hatte: »Schaffen wir zwei, drei, viele Vietnam.« Und sie bewunderten den chinesischen Diktator Mao – obschon dessen Rotgardisten während der sogenannten Kulturrevolution alle, die der Führung nicht passten, gnadenlos liquidierten.

Allerdings, die Arbeiter, nach marxistischer Hoffnung Trägerschicht der anvisierten neuen sozialistischen Gesellschaft, fielen glatt aus als revolutionäre Subjekte – sie hatten anderes zu tun: nämlich Geld verdienen für ihre Familien. Insoweit war der Traum einer Umwälzung in der Bundesrepublik nach chinesischem Vorbild eine »groteske, wirklichkeitsferne Marotte«, so der Zeithistoriker Hagen Schulze.

Dutschke wartet, auf dem Fahrrad sitzend, ein Bein auf dem Boden, vor einer Apotheke. Sie hat gerade geschlossen. Sein drei Monate alter Sohn Hosea-Che braucht Nasentropfen. Bachmann kommt auf ihn zu, fragt: »Sind Sie Rudi Dutschke?« – »Ja!« – »Du dreckiges Kommunistenschwein ...«

Dann schießt Bachmann aus kurzer Distanz. »Ich war so im Hass, ich hatte so eine Wut«, wird er später zu Protokoll geben.

Die erste Kugel durchschlägt Dutschkes rechte Wange. Zweimal noch feuert der Angreifer; ein Schuss geht in die Schulter, einer in den Kopf. Dutschke, der durchtrainierte Ex-Zehnkämpfer, überlebt den Anschlag trotz schwerster Verletzungen. Bachmann flüchtet, versucht sich mit 20 Schlaftabletten das Leben zu nehmen, doch er wird schnell in der Nähe des Tatorts gefasst und im Frühjahr 1969 zu sieben Jahren Zuchthaus verurteilt. Im Februar 1970 begeht Bachmann in seiner Zelle Selbstmord.

Nach dem Attentat zogen 2000 Demonstranten zu einem ihrer Berliner Lieblingsziele, dem Springer-Hochhaus in der direkt auf die Mauer zulaufenden Kochstraße – heute heißt sie Rudi-Dutschke-Straße. Mit dabei war Ulrike Meinhof. Ihr Auto wurde in eine der Barrikaden eingebaut, sie half, als Wurfgeschosse dienende Steine in die erste Reihe zu schaffen. »Wirft man einen Stein«, hat sie einmal gesagt, »so ist das eine strafbare Handlung. Werden tausend Steine geworfen, ist das eine politische Aktion.«

Durch die Bundesrepublik rollte eine riesige Protestwelle. Es kam zu bislang nie dagewesenen Ausschreitungen und Straßenschlachten, in München skandierten Demonstranten: »Gestern Dutschke, morgen wir!« Fünf Tage lang hielten jene »Osterunruhen« an, gegen mehr als 820 Demonstranten wurden Ermittlungsverfahren eingeleitet. In München gab es zwei Tote, den Fotografen Klaus-Jürgen Frings und den Studenten Rüdiger Schreck. Sie waren bei einer Straßenschlacht schwer verletzt worden und starben wenig später im Krankenhaus. Zynisch merkte Mahler an, Opfer seien »im gewissen Sinne unvermeidlich«. Und er verglich, eiskalt, diese Gewaltakte mit Verkehrsunfällen, die ja auch nicht dazu führten, dass keiner sich mehr ans Steuer setze. Zur wahren revolutionären Aktion gehören eben Tote.

Nur ganz wenige aus dem Staatsapparat erkannten die unmittelbare Dramatik dieser Tage. Einer von ihnen war der Nürnberger Polizeipräsident Horst Herold, promovierter Jurist, Sozialdemokrat – und ein profunder Marxismus-Kenner. »Der Staat«, so zitiert ihn die Historikerin Dorothea Hauser, »hätte kippen können, die Situation trug vorrevolutionäre Züge.«

Bald schon will Herold allerdings beobachtet haben, dass, weil der »innere Elan« fehle, »die Bewegung auseinanderlaufen« werde. »Aber ihre radikalen Zerfallsprodukte«, prophezeite er, »werden zum politischen Terrorismus übergehen, der uns über Jahre beschäftigen wird.«

Der Prozess gegen die Kaufhaus-Brandstifter begann am 14. Oktober 1968. Zu den Verteidigern gehörten zwei junge, rhetorisch brillante Juristen aus Berlin – Mahler und Otto Schily. In manchen Stunden geriet die Verhandlung zum Happening und zum Schauplatz politischer Inszenierung. Die Angeklagten feixten, dicke Zigarren wurden geraucht, Baader trug Sonnenbrille und knutschte mit Ensslin. Der Angeklagte Thorwald Proll gab als Geburtsjahr an: 1789, das Jahr der Französischen Revolution.

In *Konkret* schrieb Ulrike Meinhof, Brände zu legen in Kaufhäusern sei »keine antikapitalistische Aktion«, sondern eher »systemerhaltend, konterrevolutionär«, ergo: nicht empfohlen zur Nachahmung. Die Versicherung begleiche den Schaden doch ohnehin. Während des Prozesses freundete sie sich mit Ensslin und Baader an.

Nach gut zwei Wochen die Urteile: je drei Jahre Zuchthaus für jeden der vier Angeklagten. In seinem Schlussplädoyer hatte Baaders Anwalt Mahler erklärt, die Tat sei »Ausdruck der Rebellion gegen eine Generation, die in der NS-Zeit millionenfache Verbrechen geduldet« habe – ein Motiv, das seiner Ansicht nach strafmildernd wirken müsse. »Aus Verzweiflung über die Verhältnisse« sei ein Fanal dieser Art »zwingend notwendig« gewesen.

Und Gudrun Ensslins Verteidiger Ernst Heinitz stilisierte seine Mandantin zur Hüterin einer höheren Moral, weil sie erklärt hatte, die Tat sei auch verübt worden, um die Bürger »aus ihrer Gleichgültigkeit gegenüber dem Krieg in Vietnam aufzurütteln«. Selbst die Richter erkannten an, dass, so der Kammervorsitzende, den Tätern

»gewisse ideelle Motive« nicht abgesprochen werden könnten. Sie seien »keine kriminellen Typen«. Die »längeren Freiheitsstrafen« sollten dazu dienen, »die Angeklagten von weiteren Straftaten abzuschrecken«. Eine Fehleinschätzung, wie sie gründlicher nicht sein konnte.

Genau zu diesem Zeitpunkt zerfiel die Bewegung in mehr oder weniger militante Politsekten, allesamt sozialistisch-revolutionär ausgerichtet. Da waren etwa der »Zentralrat der umherschweifenden Haschrebellen« und die »Schwarzen Ratten«, die »Rote Ruhrarmee« und die »Tupamaros West-Berlin«, »Kommune I«, »Schwarze Front« und »Rote Zellen«.

Die APO und ihr Umfeld waren atomisiert, und dies hatte Einfluss auf jene, die glühende Anhänger gewesen waren. »Wir wollten«, sagt der spätere RAF-Obere Stefan Wisniewski, die »sozialrevolutionären und antiimperialistischen Ansätze weitertragen, und der Horizont von neuen sozialen Bewegungen war für uns noch lange nicht greifbar.« Dieser Satz kann als Beleg dafür gelten, dass es, so der Sachkenner Wolfgang Kraushaar, einen »Zusammenhang zwischen der 68er-Bewegung und der RAF« gab – und zwar »unbestreitbar«.

Mahler, der umtriebige, undurchsichtige Jurist, und seine Co-Verteidiger hatten Revision gegen den Frankfurter Spruch eingelegt, weshalb Gudrun Ensslin und Baader Mitte Juni 1969 nach 14 Monaten Untersuchungshaft erst einmal auf freien Fuß kamen. Baader war Vater einer kleinen Tochter, Ensslin Mutter eines Sohnes. Statt sich um die eigenen Kinder zu kümmern, engagierten sie sich bei einem Projekt linker Pädagogikstudenten, die Jugendliche aus autoritär geführten Fürsorgeheimen herausholten, um sie dann in Kommunen oder sogenannten Wohnkollektiven unterzubringen.

Die Jugendlichen sollten so – im Rahmen einer »Randgruppenstrategie« – staatlichem Einfluss entzogen werden. Der Philosoph und Soziologe Herbert Marcuse, während der Novemberrevolution 1918/19 Mitglied des Berliner Arbeiter- und Soldatenrats, glaubte, in spätkapitalistischer Gesellschaft könnten nur jene Schichten revolutionäre Impulse auslösen, die nicht im System »aus Fabrikdisziplin und Belohnung durch Konsum« gebunden seien. Oder, anders gesagt: Nur die Jugend und gesellschaftliche Gruppen am Rande seien in der Lage, die Rolle einer Avantgarde der Revolution zu übernehmen.

Treibende Kräfte jener »Heimkampagne« waren Baader und Ensslin; Ulrike Meinhof sorgte durch Rundfunkbeiträge für Öffentlichkeit – und schrieb das Drehbuch für den Fernsehfilm *Bambule*, in dem Heimmädchen die Hauptrolle spielen. Bambule heißt: Rebellion, Widerstand, Aufruhr. »Heimerziehung«, deklamierte die Journalistin, »das ist der Büttel des Systems, der Rohrstock, mit dem proletarischen Jugendlichen eingebläut wird, dass es keinen Zweck hat, sich zu wehren [...].«

Baader war für die meisten der unumstrittene Star, »das absolute Identifikationsobjekt«, erinnert sich der Frankfurter Rechtsanwalt Armin Golzem im Gespräch mit dem Filmemacher Klaus Stern. »Wenn er den Raum betrat«, so ein Ex-Fürsorgezögling, dann »veränderte sich die Atmosphäre« – Baader sei für ihn »ein Faszinosum« gewesen. Und für Peter-Jürgen Boock, der ausgebüxt war aus einem geschlossenen Jugendheim im schleswig-holsteinischen Glückstadt, so etwas wie eine Vaterfigur. Ein Mann, für den er alles gegeben hätte. Auch sein Leben.

Im November 1969 verwarf der Bundesgerichtshof die Revision. Baader und Ensslin setzten sich ins Ausland ab, erst nach Frankreich, dann nach Italien; kurzzeitig überlegten sie, nach Thailand zu flüchten. In Rom kamen sie bei Peter O. Chotjewitz unter, dem Juristen und Schriftsteller. Der Komponist Hans Werner Henze (*Das Floß der Medusa*) bewirtete beide in seiner Villa.

Aus Berlin reiste Horst Mahler an, er war in dieser Zeit die treibende Kraft. Im Oktober hatte er in London – erfolglos – versucht, Rudi

Dutschke für ein »Projekt bewaffneter Kampf« zu rekrutieren. Dutschke sollte später sagen: »Terrorismus ist reiner Mord. Er ist gegen die sozialistische Ethik.«

Nun, in Rom, konnte Mahler die Geflüchteten überreden, nach Berlin zu kommen. Anfang 1970 fanden sie Unterschlupf bei Ulrike Meinhof, die seit ihrer Scheidung dort lebte. Es gab nur ein großes Thema: den Aufbau einer bewaffneten Gruppe. Vorbild waren südamerikanische Stadtguerilleros.

Ein Rekrutierungsfeld konnten die Kommunarden und jene anarchistischen Szenetypen um sie herum sein – von Mahler und Co. freilich wurden die meisten von ihnen für Dilettanten gehalten. Eher kamen die Mitglieder einer Heidelberger Psychosekte infrage, des »Sozialistischen Patientenkollektivs«, kurz SPK. Dessen Slogan lautete: »Aus der Krankheit eine Waffe machen.« Sie wähnten sich als Opfer der bestehenden Gesellschaftsverhältnisse. Deshalb mussten, »per Todesstoß«, der krankheitsauslösende Kapitalismus und dessen »privatwirtschaftlich-patriarchalische Gesellschaft abgeschafft« werden. Die Gruppentherapie umfasste auch die Teilnahme an einem »Arbeitskreis Sprengtechnik« und Schießübungen im Wald.

Das SPK reimte: »Mahler, Meinhof, Baader, das sind unsere Kader.« Tatsächlich sollten über zehn der Frauen und Männer in den Untergrund abtauchen.

Das Ziel also war klar: bewaffneter Kampf. Nur, es gab ein Problem – die Waffen fehlten. In dieser Notlage bot sich Mahler jemand an, der im Milieu bekannt war: Peter Urbach, Jahrgang 1941, ein gelernter Klempner. Ein »echter Arbeiter, ein Hoffnungsträger für die bürgerlichen Revolutionäre«, schreibt Michael Sontheimer. Einer, der Toiletten reparieren konnte – und kleine Brandbomben basteln.

Was Mahler nicht wusste, mancher Gesinnungsgenosse offenbar jedoch ahnte: Urbach war V-Mann des Berliner Verfassungsschutzes, pro Treff kassierte er 50 D-Mark. Als der Anwalt ihn nach Waffen fragte, wusste Urbach gleich Bescheid. Ja, auf einem Friedhof am Stadtrand seien Pistolen vergraben, Wehrmachtspistolen, auch Sprengkörper. Er wolle sie aber »nicht irgendwelchen Linken geben, sondern nur Personen«, denen er vertraue.

Es war eine Falle.

Eine erste Grabung zur Nachtzeit brachte kein Ergebnis. Nach einer zweiten am 4. April stoppte eine Polizeistreife morgens kurz nach 3 Uhr einen Wagen. Die kontrollierenden Beamten waren, dank Urbach, informiert. Andreas Baader wurde, nach sechs Monaten Flucht, festgenommen. Für seine Frauen draußen, Ulrike Meinhof und Gudrun Ensslin, galt ab jetzt nur noch eines: ihn rauszuholen aus dem Gefängnis. Koste es, was es wolle. Sie brauchten ihn dringend, um »über antiimperialistischen Kampf nicht mehr zu quatschen, sondern ihn zu führen«.

In einer schummrigen Charlottenburger Kneipe mit dem bezeichnenden Namen Wolfsschanze, einem bekannten Treff von Nazis und Kriminellen, trafen zwei Mitstreiterinnen einen früheren Zuchthäusler aus der DDR, der ihnen zwei Pistolen verkaufte – Kostenpunkt: 2000 D-Mark. Und ein Ex-Soldat der Bundeswehr wurde engagiert, er kannte sich aus mit Waffen.

Gudrun Ensslin und Ulrike Meinhof feilten geschickt an ihrem Plan, Baader zu befreien. Er saß erst in Moabit, dann in Tegel. Die Idee: Er solle als Co-Autor mitwirken an einem Buch mit dem Arbeitstitel »Organisation randständiger Jugendlicher«, Hauptautorin: Ulrike Meinhof. Man bat den Tegeler Anstaltsleiter, Baader »ausführen« zu lassen ins Dahlemer »Deutsche Zentralinstitut für soziale Fragen«, da nur dort nicht ausleihbare Fachliteratur zu diesem Thema eingesehen werden könne. Er stimmte, trotz erheblicher Bedenken, zu – und ordnete an, den Häftling durch zwei Beamte bewachen zu lassen. Termin: 14. Mai, 9 Uhr morgens. Genehmigt waren maximal drei Stunden Freigang.

An diesem Tag wurde Baader befreit. Einer der Beamten versuchte, mit zwei Schüssen dies zu verhindern – aber er konnte, irritiert durch eine Tränengasladung, nicht richtig zielen. Baader sprang zusammen mit Ulrike Meinhof durch ein Fenster nach draußen – unten wartete ein Fluchtfahrzeug. Ein maskierter Mann, dessen Identität nie geklärt werden konnte, hatte mit einem Schuss den 62 Jahre alten Institutsangestellten Georg Linke niedergestreckt, zwei Wochen lang schwebte er in Lebensgefahr. »Die Baader-Befreiungs-Aktion«, hat Ulrike Meinhof ungerührt kommentiert, »war auch kein Deckchensticken.« Und sie müsse »nicht den intellektuellen Schwätzern, den Hosenscheißern, den Alles-besser-Wissern erklärt« werden – »sondern den potentiell revolutionären Teilen des Volkes«. Also: »Die Klassenkämpfe entfalten! Das Proletariat organisieren! [...] Die Rote Armee aufbauen!«

Mit dem Fenstersprung an diesem 14. Mai 1970 begann in Deutschland der linke Terrorismus.

*

In seinem *Minihandbuch des Stadtguerilleros* hatte der brasilianische Kommunist und Revolutionär Carlos Marighella eine Grundbedingung für den erfolgreichen Untergrundkampf formuliert – »treffsicheres Schießen«. Es sei »lebenswichtig wie Wasser und Luft« und müsse »so lange geübt werden, bis es zum gelernten Reflex wird«. Am besten in einer Art Trainingslager, bei Profis wie der Fatah, dem bewaffneten Arm der Palästinensischen Befreiungsorganisation (PLO). Am 8. Juni 1970 startete eine fünfköpfige Vorhut unter Leitung Mahlers vom Ost-Berliner Flughafen Schönefeld in die libanesische Hauptstadt Beirut, eine zweite Gruppe folgte einige Tage später. Der Fahndungsdruck gerade in West-Berlin war gewaltig, Steckbriefe (»Belohnung: 10 000 DM«) hingen an fast jeder Litfaßsäule. Ulrike Meinhof flog mit dem Ausweis ihrer französischen Journalistenkollegin Michèle Ray, einst Mannequin bei Coco Chanel, dann Kriegsreporterin in Vietnam, wo sie einen zehnstündigen Bombenangriff der Amerikaner durchleiden musste. Hier habe sie, berichtete Ray – verheiratet mit Konstantinos Costa-Gavras, dem Regisseur des Politthrillers *Z* –, die »Hölle« erlebt.

Fast zwei Monate blieben die Terroristen-Azubis in der jordanischen Wüste nahe Amman. Auf der Schulungsagenda stand auch das Thema: »Wie raube ich eine Bank aus«; wichtiger aber schien vielen etwas anderes: das miserable Essen. Und die Frage, wer denn eigentlich Chef der Truppe sei. Baader, der Tatmensch, setzte sich durch gegen Mahler, den Intellektuellen. Manchmal flogen auch die Fäuste.

Vor der Rückreise in die Heimat schenkten die Palästinenser einigen ihrer Rekruten spanische Pistolen vom Typ »Llama Especial«, Kaliber 9 mm, dazu auch die passende Munition. Nach der Ankunft auf dem Ost-Berliner Flughafen Schönefeld kontrollierten Stasi-Beamte das Gepäck – unternahmen aber nichts. Und sie machten kein Geheimnis aus der Tatsache, dass sie bestens informiert waren über die Ausbildung im Palästinenserlager. Selbst die in solchen Camps üblichen Tarnnamen kannten sie.

Michèle Ray hatte, ob abgesprochen oder nicht, dem Hamburger Nachrichtenmagazin *Spiegel* ein Tonband von Ulrike Meinhof zukommen lassen. Das Transkript wurde am 15. Juni 1970 unredigiert abgedruckt. Eigentlich wollte die Autorin, in wahren Satzgebirgen, erklären, warum Baader hatte befreit werden müssen. Es ging auch um Polizisten, Männer, die »vielleicht zu Hause« ganz »angenehme Zeitgenossen« seien: »[...] wir sagen, natürlich, die Bullen sind Schweine, wir sagen, der Typ in Uniform ist ein Schwein, das ist kein Mensch [...] wir haben nicht mit ihm zu reden, und es ist falsch, überhaupt mit diesen Leuten zu reden, und natürlich kann geschossen werden.«

Es kann geschossen werden. Natürlich. Und gebombt.

MARKENZEICHEN RAF

Ein Name musste her, einer mit Wucht. Horst Mahler schlug vor, die kleine militante Gruppe »Geyers Schwarzer Haufen« zu nennen, inspiriert durch ein Schwarz-Weiß-Foto des genialen Lichtbildners Michael Ruetz. Es zeigt knapp 30 energisch wirkende Landwirte aus dem Hunsrück, die im Juli 1969 auf dem Weg zu einem nahe gelegenen Militärflughafen sind, um dort gegen den unerträglich gewordenen Lärm startender und landender Jets zu demonstrieren. Nebel wabert, der nasse Asphalt spiegelt die Männer als dunkle Schatten: eine faszinierende Aufnahme, die durchaus als Sinnbild eines revolutionären Aktes dienen könnte. Mahler erinnerte sie spontan an jene gut ausgebildete, schlagkräftige Einheit knorriger Bauern aus dem Odenwald, die Anfang des 16. Jahrhunderts unter dem Kommando des Reichsritters Florian Geyer stand. Die hatten dafür gekämpft, nicht länger Knechte der Adligen zu sein, nicht länger »leibeigen, frönig, ohne Recht«.

Mahlers Idee fiel durch. GSH, die Abkürzung für Geyers Schwarzer Haufen, das klingt nach Wohnungsbaugesellschaft oder Stromunternehmen.

Aber RAF, vielleicht eine Meinhof-Idee, das zieht irgendwie, RAF klingt nach Militär. Rote Armee Fraktion, dies muss wohl bedeuten: Teil der Roten Armee. Vielleicht sollte erinnert werden an die Rote Armee der Sowjets. Vielleicht an die »Rote Armee« Deutscher, die sich während der kurzzeitigen Räterepublik gleich nach dem Ende des Ersten Weltkriegs in München und auch im Ruhrgebiet organisiert und gegen rechte Freikorpssoldaten gekämpft hatte.

Eine präzise Erklärung gab und gibt es nicht, und egal war den Wortschöpfern damals offenbar, dass das Kürzel RAF von Millionen

Deutschen gleichgesetzt werden konnte mit Royal Air Force, der britischen Luftwaffe. Die hatte zwar mit ihren Bombenteppichen für ein früheres Ende des Nazi-Terrors gesorgt, dabei aber in Kauf genommen, Abertausende Menschen jeden Alters zu töten. In Dresden, in Hamburg, in Köln. Später sagte einer aus dem »inner circle« der RAF, das Kürzel sei »Mist« gewesen, »ein Witz«, so Stefan Aust in seinem Bestseller *Der Baader-Meinhof-Komplex*.

Das Logo: ein fünfzackiger Stern, ein Pentagramm, es prangte auch auf der Mütze von Che Guevara. Darüber: die Initialen RAF. Im Inneren des Sterns: eine Maschinenpistole, Typ Heckler & Koch MP 5. Ein deutsches Fabrikat, dessen Vorläufer bereits gegen Ende des Zweiten Weltkriegs produziert worden war. Ganz am Anfang nur, 1970, wurde die Silhouette einer russischen Kalaschnikow AK-47 verwendet, wohl als Reverenz an die »Tradition des sozialistischen Agitprop, der sich die Studentenbewegung insgesamt verpflichtet gefühlt haben mag«, wie der Bonner Designhistoriker und Fotograf Rolf Sachsse vermutet.

Angeblich hatte Ulrike Meinhof einen grafisch begabten Gymnasiasten aus Norddeutschland mit dem Künstlernamen »Picasso jr.« beauftragt, dieses Emblem zu entwerfen. Baader gefiel es nicht. Deshalb bat er einen alten Kumpel aus Münchner Zeiten, es zu bearbeiten. Doch Holm von Czettritz, ein erfolgreicher Werber auch für Whisky (»Der Tag geht, Johnnie Walker kommt ...«), riet dringend von einer Änderung ab. Diese »Rustikalität«, diese »Originalität« müsse so bleiben: »Das sag ich dir als Markenartikler.«

Im April 1971 produzierte die RAF ihr erstes großes Papier, 16 Seiten lang, eine Art Grundgesetz der Terroristen, der Titel: »Das Konzept Stadtguerilla«. Und zum ersten Mal bezeichnete sie sich öffentlich so – Rote Armee Fraktion. Gelobt wird die Studentenbewegung, als Nukleus. Verteufelt wird die parlamentarische Demokratie, kein Wunder. Ein wichtiger Punkt: die Organisation in der Illegalität. Auch Zweifel werden formuliert, erhebliche Zweifel – ob es denn wirklich »unter den gegenwärtigen Bedingungen [...] überhaupt schon möglich ist, eine die Arbeiterklasse vereinigende Strategie zu entwickeln« und so den »antiimperialistischen Kampf offensiv führen« zu können. Horst Mahler, mittlerweile in Haft, schob kurze Zeit später ein eigenes Papier nach: »Über den bewaffneten Kampf in Westeuropa«. Es trug, als eine Art Tarnung, den netten Titel »Die neue Straßenverkehrsordnung«.

Ohne Absprache zeichnete er seine Schrift, die in »Kreisen der Unterstützer schon wegen ihrer sprachlichen Brillanz« (BKA-Präsident Horst Herold) ein Renner werden sollte, mit »Kollektiv RAF«. Ein Fehler, und es nützte ihm auch nichts, dass er beteuerte, es gehe doch in jedem Fall »gegen die Reichen und Mächtigen«. Mahler war draußen, von einem Tag auf den anderen. Eigenmächtiges Handeln, das war gleichzusetzen mit Verrat, Abweichlertum.[3]

Im Frühjahr, kurz bevor die beiden Texte kursierten, hatte das Institut für Demoskopie Allensbach 2000 Frauen und Männern auf deutschen Straßen die Frage gestellt: »Baader-Meinhof: Verbrecher oder Helden?« Über 80 Prozent der Interviewten kannten die Namen Baader und Meinhof, fast 20 Prozent billigten ihnen »politische Motive« zu, jeder vierte unter dreißig hegte für sie »gewisse Sympathien«. Auf die ergänzende Frage, ob sie die mit Haftbefehl Gesuchten »für eine Nacht aufnehmen« würden, um sie vor der Polizei zu schützen, antworteten fünf Prozent mit Ja, unter den jüngeren Menschen waren es doppelt so viele. Irritierende Zahlen, und deshalb war es kein Wunder, dass diese Allensbach-Umfrage erst einmal für längere Zeit unter Verschluss blieb. Aus den Ergebnissen zogen die Demoskopen

[3] Mahler wurde 1974 wegen Bildung einer kriminellen Vereinigung und Bankraub zu 14 Jahren Haft verurteilt und 1980 zur Bewährung entlassen; ab 1987 durfte er wieder als Anwalt arbeiten. Danach war er eine Zeit lang Mitglied der rechtsextremen NPD und einer der ideologischen Wegbereiter der sogenannten Reichsbürgerbewegung, die bestreitet, dass die Bundesrepublik ein legitimer und souveräner Staat ist. Mehrfach wurde Mahler wegen Volksverhetzung verurteilt, über zehn Jahre saß er deshalb in Haft. Im Oktober 2020 wurde er entlassen.

den Schluss, »für die Fahndung der Polizei« herrsche ein »schwieriges sozialpsychologisches Klima«.

Im Jahr eins nach Gründung der RAF überfielen zwei Kommandos in Kassel gleichzeitig zwei Banken, ihre Beute: fast 115 000 D-Mark – Vorbild war ein erfolgreicher »Dreierschlag« (Szenebegriff) wenige Monate zuvor in Berlin, der 217 000 D-Mark in die Kriegskasse gespült hatte. In Frankfurt gab es eine Schießerei mit der Polizei.

Im ersten Steckbrief wurden Baader und die anderen noch als »Gruppe« bezeichnet, im zweiten dann als »Bande«. Der neutrale Begriff »Gruppe«, so glaubten Politiker und Kriminalisten, könnte verharmlosend wirken. Die RAFler seien, sagte Kanzleramtsminister Horst Ehmke von der SPD, eigentlich ein kühl abwägender Jurist, »die gefährlichsten Gangster, die es gibt«. Und der Begriffswechsel von Gruppe zu Bande erleichterte es ganz offenbar, jedwede politischen Motive der Täter in Abrede zu stellen.

Für den 15. Juli 1971 war in Norddeutschland eine Großrazzia geplant, die Aktion trug den Tarnnamen »Hecht«. Sie war in der Planungsphase als Geheimsache eingestuft – und doch wurde diese Information durchgestochen: in die DDR. Der Ost-Berliner »Deutsche Freiheitssender 904«, ein Propagandasender der SED, vermeldete die Razzia eine Stunde vor dem nur intern angekündigten Start. »Da waren wohl«, schreibt die Autorin Regine Igel, »gut platzierte Agenten im Staatsapparat der BRD wirksam geworden«. Um zu warnen.

Gut platzierte Agenten der Stasi gab es überall in Westdeutschland, vor allem im Rheinland. Die Hauptstadt Bonn, die Metropole Köln, die Gegenden rundum – dort operierte ein Viertel aller in der Bundesrepublik eingesetzten Spione der DDR. Objekte der Begierde: das Parlament, die Ministerien, auch die Staatsschutzkommissariate der größeren Polizeipräsidien Nordrhein-Westfalens, in denen viele brisante Informationen geballt vorlagen.

Bei einem Polizeieinsatz in Hamburg wurde an diesem 15. Juli, nach kurzer Verfolgungsjagd, die 20-jährige Petra Schelm erschossen. Schelm, Typ Berliner Göre, hatte Friseurin gelernt. Sie war das erste Todesopfer aufseiten der RAF. »Wir wussten von Anfang an«, sagt das Ex-RAF-Mitglied Irmgard Möller, »worauf wir uns eingelassen hatten« – und so seien sie »entschlossen« gewesen, »das weiterzumachen«. Ihr Kumpan Klaus Jünschke erklärte, es habe die »Bereitschaft« gegeben, »das eigene Leben einzusetzen«, »erst recht« nach dem Tod von Petra Schelm.

Das erste Opfer aufseiten des Staates war, drei Monate später, der Hamburger Fahnder Norbert Schmid. Als er ein verdächtiges Pärchen überprüfen wollte, feuerte der Mann sechs Schüsse auf ihn ab. Schmid, Vater zweier Kinder, starb im Krankenhaus. 33 Tote folgten in dieser schrecklichen Bilanz, weitere Polizisten, Soldaten, Zöllner, Banker, Manager, Diplomaten – und, durch Querschläger bei einem Schusswechsel in Zürich, die 56 Jahre alte Hausfrau Edith Kletzhändler.

Das mit den Terror-Ermittlungen beauftragte Bundeskriminalamt (BKA) galt im Jahr 1971 vielen als schwache Behörde. So sah es auch Innenminister Hans-Dietrich Genscher, ihr politischer Aufseher. Für ihn gab es nur einen Beamten, der das BKA in dieser schwierigen Lage nach vorne bringen könnte – Nürnbergs Polizeipräsident Horst Herold, jener Mann, der schnell erkannt hatte, dass die Folgen der 68er-Revolte zu erheblichen Verwerfungen führen könnten. Staatsgefährdenden Verwerfungen.

Am 1. September 1971 wurde der Ex-Richter und Ex-Staatsanwalt Chef des Bundeskriminalamts. Als anderenorts noch die Kombination von Papierlage und Spürsinn Basis der kriminalistischen Arbeit war, ließ der Visionär Herold, der über ein völkerrechtliches Thema promoviert hatte und ein wirklicher Kriminalphilosoph war, schon schrankgroße Rechner mit Daten füttern. Sein Plan: mittels »Kriminalgeographie« auf statistische Verbrechenswahrscheinlichkeiten zu schließen, um im besten Fall »vor dem Täter am Tatort zu sein«. Ein

»Prometheus der Polizei« (*Süddeutsche Zeitung*), der mit dem Computer ein neues Fahndungsinstrument einführte. Und der, lange vor Google, ein ganz spezielles elektronisches Suchsystem ersann: PIOS.

PIOS, das ist die Abkürzung für »Personen, Institutionen, Objekte, Sachen«. Und in PIOS wurde alles gesammelt, was irgendwann und irgendwie – ob valide oder nicht – mit der Terrorszene zu tun hatte. Am Ende waren erfasst: 135 000 Personen, 5500 Institutionen, 115 000 Objekte, 74 000 Sachen. »So spannte sich PIOS«, formulierte der Herold-Biograf Dieter Schenk, »wie ein Schirm über das geballte Wissen« im Aktenwesen, »gleich einem Notizbuch«.

1972: DAS »HASS- UND HETZ- UND KRISENJAHR«

22. Dezember 1971, Kaiserslautern. Vor der Bayerischen Hypotheken- und Wechsel-Bank steht ein roter VW-Bus – im Halteverbot. Eigentlich kein Fall für die Polizei. Zufällig ist Obermeister Herbert Schoner, 32, ganz in der Nähe.

Schoner geht, arglos, auf den Wagen zu, der fährt plötzlich nach vorne, dann nach hinten, der Polizist wittert Gefahr. Er zieht seine Waffe, dann fällt ein Schuss, abgefeuert aus dem VW. Schoner wird im Brustbereich getroffen, er blutet stark, schleppt sich torkelnd in die Bank. Was er nicht weiß: Dort findet gerade ein Überfall statt.

Auf dem Banktresen hockt ein Mann, der sofort auf den Beamten schießt. Das Geschoss durchschlägt dessen Rückenmark. Blitzschnelle Lähmung, Zusammenbruch, Tod. Am nächsten Tag titelt die *Bild*: »Baader-Meinhof-Bande mordet weiter / Bankraub: Polizist erschossen / Eine Witwe und zwei kleine Kinder bleiben zurück«.

Die Vermutung, dass es die RAF war, liegt sehr nahe. Jedoch, einen handfesten Beweis dafür gibt es zu diesem Zeitpunkt nicht, der klassische Fall von »Vorverurteilung«, wie dies im Juristendeutsch heißt. Und hier grätscht der Schriftsteller Heinrich Böll dazwischen mit einem im *Spiegel* veröffentlichten Essay, der eine lang anhaltende Debatte über vermeintliche Sympathisanten in der Intellektuellenszene lostritt im »Hass- und Hetz- und Krisenjahr 1972«, wie er dieses Jahr später nannte, ein ganz entscheidendes in der RAF-Historie. Der Begriff Sympathisant, von der eigentlichen Wortbedeutung her auch: Mitfühlender, wird bald schon denunziatorisch eingesetzt. Es seien »geistige Mittäter«, die vielen fast so gefährlich scheinen wie die Terroristen selbst.

Böll brandmarkt die *Bild*-Berichterstattung (»Lüge«, »Dreck«) als »Aufforderung zur Lynchjustiz«. Denn jener »Krieg von 6 gegen 60 000 000« sei wahrlich, versucht er zu ironisieren, »eine äußerst bedrohliche Situation für die Bundesrepublik Deutschland. Es ist Zeit, den nationalen Notstand auszurufen. Den Notstand des öffentlichen Bewußtseins, der durch Publikationen wie ›Bild‹ permanent gesteigert wird.«

Die Bundesrepublik hat zu diesem Zeitpunkt 60 Millionen Einwohner. Böll glaubt, mit diesem Zahlenspiel die moralische Empörung über den winzig kleinen Haufen der RAF, ob unter »Konservativen« oder »Progressiven aller Schattierungen«, als Heuchelei zu entlarven – indem er diese Empörung kontert mit dem Hinweis auf die immer noch übliche Milde gegenüber Abertausenden von NS-Tätern jeglichen Kalibers, »die so mühelos und schmerzlos vom Faschismus in die freiheitlich demokratische Grundordnung übergewechselt haben oder worden sind«.

Dem *Bild*-Verleger Axel C. Springer wirft er vor, eine Hetzjagd zu betreiben, Springer müsse deshalb vor Gericht gestellt werden. Der abgetauchten Ulrike Meinhof solle »freies Geleit« garantiert werden – bis zur öffentlichen Verhandlung. In diesen Zusammenhang stellt er eine Formulierung, die häufig in Nazi-Akten begegnet, wenn es um die Liquidierung politischer Gegner geht: »auf der Flucht erschossen«. Das ist ziemlich hart am Rande. Eine »böse Entgleisung«, befindet der nordrhein-westfälische Justizminister Diether Posser, ein SPD-Mann.

Böll, ein Urkölner, war der wohl bedeutendste Autor deutscher Sprache seiner Zeit, ein Romancier (*Haus ohne Hüter*) und Erzähler (*Wanderer, kommst du nach Spa …*). Vielleicht auch deshalb löste dieser Essay ungeahnte Schockwellen aus, quasi einen Shitstorm der frühen Jahre. »Böllernde Schreibtischhelfer« nannte Springers *Welt* solcherlei »Typen«, und deren Liste wurde lang und länger, ein kurzer Auszug: Bischof Kurt Scharf, der Theologe Helmut Gollwitzer, der

Regisseur Volker Schlöndorff, die Schriftstellerin Luise Rinser, Bölls Kollege Günter Grass.

Parlamentarier der Unionsfraktion erklärten den Literaten Böll kurzerhand zum »intellektuellen und ideologischen Helfershelfer der Terroristen«. Nur einige wenige Abgeordnete von SPD und FDP widersprachen, Kanzler Brandt gehörte ebenfalls zu seinen Verteidigern. Bald darauf präzisierte Böll, er habe, »wenn auch versteckt«, die RAF zur Aufgabe überreden wollen und nicht damit gerechnet, ein solches »Ausmaß der Demagogie« heraufzubeschwören.

Am Ende dieses Hass-Hetz-Krisen-Jahrs wurde Böll mit der höchsten Auszeichnung geehrt – dem Nobelpreis. Ausschlaggebend für diese Entscheidung war wohl sein Roman *Gruppenbild mit Dame*, ein Sittengemälde aus der Kriegszeit und der ganz jungen Bundesrepublik. Es könnte auch sein, dass das Stockholmer Gremium indirekt Bölls Courage würdigen wollte, im demokratischen System Westdeutschlands gegen eine um sich greifende Massenhysterie anzuschreiben. Diese Vermutung, sagt der Böll-Biograf Heinrich Vormweg, sei »nicht einfach so aus der Luft gegriffen«.

Nach dem Mord an dem Streifenpolizisten Schoner gingen viele in der Szene auf Distanz zur RAF. Um sich aus der Isolation zu lösen und Unterstützer zurückzuholen, hielten es Baader und Co. für zwingend notwendig, endlich »politische Aktionen« zu starten. Ihre erste »Offensive«, die »Mai-Offensive«, sie war das Coming-out der Terroristen. Politische Aktionen bedeutete: Anschläge. Ob es Tote gab oder Verletzte – ganz egal, alles einkalkuliert.

Die Waffen dieser vermeintlich politischen Aktionen: Bomben. Bomben in Hamburg gegen den Springer-Verlag, das Hassobjekt der Studentenbewegung. Bomben gegen zwei Polizeiämter in Augsburg und München. Bomben gegen Amerikaner in Frankfurt und Heidelberg, wegen Vietnam.

Eine Bombe wurde in Karlsruhe am Auto des Bundesrichters Wolfgang Buddenberg platziert und explodierte. Sie sollte ihn umbringen, verletzte aber dessen Frau schwer. Buddenberg, der am Bundesgerichtshof zuständig war für die Ausstellung von Haftbefehlen oder Durchsuchungsbeschlüssen, galt den Tätern als einer der Repräsentanten der »Klassenjustiz«.

Die schreckliche Bilanz: Vier Tote, über 50 Menschen wurden zum Teil schwer verletzt, es gab Sachschäden in Millionenhöhe.

Ganz klandestin, wie es sich für einen Nachrichtendienst gehört, arbeitete zu diesem Zeitpunkt Günther Nollau, der Präsident des Bundesamts für Verfassungsschutz (BfV) an einer Anti-Terror-Operation der ganz besonderen Art. In einem vertraulichen Brief an Bundesinnenminister Genscher – der übervorsichtige Nollau tippte ihn eigenhändig – schlug er vor, eine »kleine Anarchistengruppe zu gründen, die an den Kernbereich Baader-Meinhof herangespielt werden« könnte. Junge Beamte als V-Leute, die »durch spezielle Schulung in die Lage versetzt werden« sollten, »selbst als Anarchisten« aufzutreten.

Der Staat als Provokateur, das war gewagt.

Um Erfolg zu haben, müsse ein Anarchist von Amts wegen »mindestens an der Vorbereitung strafbarer Handlungen teilnehmen« dürfen, schlug Nollau vor. Das ist nicht nur heikel, das könnte ein glatter Rechtsbruch sein. Der Amtschef, ein promovierter Jurist, wusste, was für diesen verwegenen Plan notwendig sei: »politische Deckung, die aber auch durch Augenzwinkern gewährt werden kann«.

Ein Augenzwinkern, dies mag aus Sicht eines Nachrichtendienstlers, der gegebenenfalls selbst entscheidet, was in eine Akte gehört und was aus ihr wieder verschwindet, genügen, um eine solche Operation auf die Rampe zu schieben. Anfangs schien Genscher wohl bereit, darüber nachzudenken. Dann entschied er, »jegliche Aktivitäten« seien zu unterlassen: »Ich habe politische und rechtliche Bedenken.« Nollau, der in Erwartung eines positiven Bescheids längst Vorbereitungen getroffen hatte, wähnte sich im Kollegenkreis desavouiert, blamiert. Er schrieb, ziemlich mutig, an den Innenminister: »Sehr bald werden Sie [...] gefragt werden, warum dem Plan, die Bekämpfung des Terrorismus zu intensivieren, diese Beerdigung erster Klasse bereitet worden ist.«

Derweil organisierte BKA-Chef Herold die bislang größte Fahndungsaktion der Polizeigeschichte, Codename »Wasserschlag«. Die Fischer am Nil, soll er gesagt haben, trieben mit gezielten Schlägen ins Wasser die potenzielle Beute in klug aufgestellte Netze. Zehntausende Beamte waren im Einsatz, das Bundesinnenministerium hatte die bislang höchste Belohnung ausgesetzt: 100 000 D-Mark. Flächendeckend wurde kontrolliert, auf Landstraßen, Bundesstraßen, an Autobahnabfahrten, in Bahnhöfen, an Grenzübergängen.

Das Land: Gefühlt ein Polizeistaat, und genau diesen Eindruck hatte die RAF erreichen wollen. Im »Bekennerschreiben« nach dem Heidelberger Anschlag hieß es auch: »Die Menschen in der Bundesrepublik unterstützen die Sicherheitskräfte bei der Fahndung nach den Kommandos nicht [...], weil sie wissen, daß gegen die Massenmörder von Vietnam Bombenanschläge gerechtfertigt sind [...].«

Ein grandioser Irrtum. Aus allen Teilen der Bevölkerung kamen Hinweise zuhauf, Telefone wurden überwacht, Anwälte observiert. Und dann der Erfolg, immer wieder wurden die Aufnahmen der Verhaftungen im Fernsehen gezeigt. Am 1. Juni 1972, es war Fronleichnam, gingen Baader und seine Adlaten Holger Meins und Jan-Carl Raspe tatsächlich ins Netz. Ein paar Tage später auch Gudrun Ensslin – und kurz darauf Ulrike Meinhof. Bald saßen zwölf Mitglieder der ersten RAF-Generation in Haft. »Dass sie uns nicht kriegen«, hatte Ulrike Meinhof noch zwei Jahre zuvor geprahlt, »das gehört sozusagen zum Erfolg der Geschichte.«

»Das Problem Baader-Meinhof ist erledigt«, erklärte der liberale Vizekanzler und Außenminister Walter Scheel nach der Serie von Festnahmen. Auch dies: ein grandioser Irrtum.

*

Schon damals war zu erkennen, was der Schriftsteller Hans Magnus Enzensberger später als die »Selbstbezüglichkeit« der RAF auswies. Sie habe nur um sich herum gekreist, eine besondere Form der Ich-AG in einer »totalen Binnenwelt«. Nie habe sie eine »politische Forderung« formuliert, »die irgendwie diskutabel gewesen wäre«. Und nie habe sie, so der Politikwissenschaftler und Terrorismusforscher Wolfgang Kraushaar, zu jener von ihr so pathetisch beanspruchten »antiimperialistischen Politik« gefunden.

Jedoch, die PR-Maschinerie der RAF lief weiter. Wie aus dem Nichts auftauchende Begrifflichkeiten machten die Runde, sie ersetzten geschickt politische Ideen: »Folter«, »Isolation«, »Gehirnwäsche«. Es war der Versuch, die staatlichen Behörden in toto zu kriminalisieren – um sich, als selbst ernannte »politische Gefangene«, zu deren Feinden Nummer eins erklären zu können. Daran strickten auch Anwälte mit, die von ihren Klienten in der Regel für »liberale Hosenscheißer« gehalten wurden, als »Informationsverteiler« und »nützliche Idioten« freilich eine wichtige Schlüsselfunktion innehatten. Sie hielten ein im Frühjahr 1973 von Baader konzipiertes »Info-System« in Gang, das ursprünglich einer Prozessvorbereitung, dann aber der Kommunikation mit den Kämpfern draußen diente und so die »politische Identität«, das »revolutionäre Bewusstsein« stützen sollte. Es war auch ein Mittel der Disziplinierung möglicher »Abweichler«. Und immer wieder kam der Befehl, »alle Kräfte [...] zu konzentrieren auf diesen Job«: Freipressung. Baader, er zeichnete mit »a.« für Andreas, schlug vor, Landes- und Bundespolitiker als Geiseln zu nehmen – etwa Genscher oder dessen Parteifreund Willi Weyer, den Innenminister von Nordrhein-Westfalen.

Die Befreiung von Gesinnungsgenossen sei eigentlich »kein zentraler Baustein des Konzepts Stadtguerilla« gewesen, sagt Tobias Wunschik, Autor der analytischen Studie *Baader-Meinhofs Kinder*; deshalb auch gab es Kritik an der Fixierung auf dieses eine Ziel. Die RAF sei nur noch eine »BBF«, eine »Befreit-Baader-Fraktion«, erklärte die einst überzeugte Mitstreiterin Astrid Proll. Und Fritz Teufel, der wohl bekannteste Kommunarde, spottete über die »Befreit die Gerilja-Gerilja«.

Manche der Vorwürfe wurden nicht ganz zu Unrecht von den Inhaftierten erhoben. Ulrike Meinhof etwa verbrachte acht Monate im sogenannten »toten Trakt«, einem leer geräumten Gebäudeflügel des Kölner Gefängnisses. Tag und Nacht brannte in ihrer Zelle Neonlicht, der Fenstergriff war abmontiert. Die komplette Stille um sie herum nannte der Gefängnisdirektor verharmlosend »akustische Isolierung«. Er hätte auch sagen können: verschärfte Form der Einzelhaft. Ein Anstaltspsychologe gab zu: »Der Eintritt von psychischen und psychosomatischen Störungen auf längere Sicht ist nicht zu vermeiden.« Alle 14 Tage war es Verwandten gestattet, Meinhof zu besuchen, jeweils 30 Minuten lang.

Bald schon habe sie das »Gefühl« verspürt, schrieb sie über ihre Empfindungen, »innerlich auszubrennen«, das Gefühl, »es explodiert einem der Kopf«, das Gefühl, »Zeit und Raum sind ineinander verschachtelt«. Das Gefühl, »man pißte sich die Seele aus dem Leib« – »rasende Aggressivität, für die es kein Ventil gibt. [...] Das Gefühl, es sei einem die Haut abgezogen worden.«

»Die Linken«, notiert Michael Sontheimer, seien von »solchen Berichten« aufgewühlt gewesen, weil vielen nun die als arrogant-militaristisch eingeschätzten RAF-Leute plötzlich als »Opfer des Staates und seiner Justiz« erschienen. In 23 Städten gründeten sich, angeschoben von Anwälten, »Komitees gegen die Folter von politischen Gefangenen«. Ihre Unterstützer, teils Mitglieder des SPK, teils der »Roten Hilfe«, hießen in der Szene »Folterfreaks«; sie waren quasi der legale Teil der RAF.

Und dann bald Täter. Entführer. Mörder.

*

Im Laufe des Jahres 1974 wurden Baader, Raspe, Ensslin und Meinhof aus verschiedenen Haftanstalten ins Gefängnis von Stuttgart-Stammheim gebracht. Für sie war der siebte Stock reserviert, der »Hochsicherheitstrakt«. Eine »totale soziale Kontaktlosigkeit«, wie in der Propaganda behauptet, gab es mitnichten. Die Angeklagten trafen sich in einer eigenen »Fresszelle«, wo sie Joghurt vorfanden, Quark, Eier, frisches Obst, manchmal geliefert von einem Stuttgarter Feinkostgeschäft. In einer »Sportzelle« mit Heimtrainer und Rudergerät. In einer »Bücherzelle« mit Werken von Mao, Lenin, Stalin, Che Guevara, Trotzki. Baader konnte auch Spezialtitel ansammeln, die Zeitschrift *Wehrtechnik* zum Beispiel oder auch das *Deutsche Waffen-Journal*. Jeder hatte ein Radio, eine Schreibmaschine, einen Plattenspieler, einen Fernseher.

Luxus im Knast – draußen jedoch benutzten die Lobbyisten der RAF nach wie vor diesen Kampfbegriff: Isolationshaft. Ihnen gelang, im Dezember 1974, ein bemerkenswerter Coup. Der französische Philosoph und Romancier Jean-Paul Sartre, eine wirkliche Geistesgröße, besuchte Baader – und berichtete dann auf einer Pressekonferenz, die Häftlinge seien in schallgedämmten Zellen mit ständiger Beleuchtung weggesperrt. Zwar sei dies keine »Folter wie bei den Nazis«, jedoch »eine Folter, die psychische Störungen herbeiführen soll«.

Sartre hatte keine einzige Zelle gesehen und nur auf Einflüsterer gehört – er traf Baader im Besucherraum.

Zur Proteststrategie gegen die vermeintlich inhumanen Haftbedingungen, in perfider Weise beschrieben als »Vorstufe zum Konzentrationslager«, zählten auch Hungerstreiks, die von einer besorgten Öffentlichkeit durchaus ernst genommen wurden. »Nicht vom Brot allein« – so lautete 1973 das Motto des 15. Evangelischen Kirchentags in Düsseldorf, und dort beteten Menschen auch für die hungernden Häftlinge der RAF. Chef Baader gestattete sich Ausnahmen: Mal machte er sich über ein Brötchen mit Hühnerfleisch her, mal über ein gebratenes Hähnchen. Sein Kumpan Holger Meins hungerte sich in der Justizvollzugsanstalt Wittlich während des dritten und längsten Hungerstreiks, der fast 150 Tage andauerte, zu Tode. Meins starb am 9. November 1974, er wog nur noch 39 Kilo bei einer Körpergröße von 1,83 Metern. In einer seiner letzten Notizen hieß es: »Für den Fall, daß ich in der Haft vom Leben in den Tod komme, war's Mord. Gleich was die Schweine behaupten werden.« Der RAF-Anwalt Otto Schily[4] erklärte öffentlich, »im Hungerstreik befindliche Gefangene« würden »in Raten hingerichtet«.

Als Stefan Wisniewski von Meins' Tod erfuhr, »schossen mir die Tränen in die Augen, und nicht nur mir«. Trotz Verbots zogen wohl 5000 Demonstranten durch Berlin, wahrscheinlich hat die RAF nie mehr Menschen öffentlich mobilisieren können. Die Beerdigung in Hamburg-Öjendorf mitzuorganisieren, sei, sagt Wisniewski, seine »letzte legale politische Tätigkeit« gewesen. Danach ging er in den Untergrund.

Auch Rudi Dutschke war dabei. Am offenen Grab reckte er seinen rechten Arm hoch, ballte die Hand zur Faust und rief: »Holger, der Kampf geht weiter!«

In seinem Tagebuch hatte Dutschke[5] notiert: »RAF, Scheiße.«

Auf den »Justizmord« am »Revolutionär Holger Meins« reagierte die linksradikale Szene sofort – nicht die RAF, sondern die »Bewegung 2. Juni«, eine Art Konkurrenzunternehmen. Am 10. November erschoss ein Kommando Günter von Drenkmann, den Präsidenten des Berliner Kammergerichts. Offenbar hatte er entführt werden sollen. Es war der erste Mord an einem hohen Repräsentanten des Staates.

Und die »Bewegung 2. Juni« erhöhte den Druck. Kurz vor den Wahlen zum Berliner Abgeordnetenhaus kidnappte sie am 27. Februar 1975 den CDU-Spitzenkandidaten Peter Lorenz und hielt ihn eine

[4] Schily war 1980 Mitbegründer der Grünen und bis November 1989 Bundestagsabgeordneter. Dann trat er zur SPD über. Von Oktober 1998 bis November 2005 amtierte er als Bundesinnenminister.

[5] Dutschke starb Heiligabend 1979 im dänischen Aarhus an den Spätfolgen der schweren Schussverletzungen.

Woche lang als Geisel in einem Kellerversteck. Die Forderung der Entführer: sechs Inhaftierte, drei Frauen und drei Männer, nach Aden, der Hauptstadt der Volksrepublik Jemen, ausfliegen zu lassen. Jeder sollte mit 20 000 D-Mark Wegegeld ausgestattet werden.

Erstaunlicherweise zählten die, die für den Austausch benannt waren, nicht zum harten Kern, kein Baader, keine Meinhof, keine Ensslin. Vielmehr seien »alle Spektren der anarchistischen Szene erfasst« worden, konstatierte Bundesinnenminister Werner Maihofer – und zog daraus den Schluss, der Gewaltakt solle die »Festigkeit des Staates« testen.

In der Tat, es war ein Testlauf.

Es herrschte Uneinigkeit unter den Parteioberen darüber, wie denn im Fall Lorenz zu verfahren sei. Einige waren für die Freilassung der inhaftierten Terroristen, andere, etwa die Berliner Freidemokraten, »strictissime dagegen«. Der Kanzler selbst konnte öffentlich nicht auftreten, ihn schwächte hohes Fieber. Dennoch lud Helmut Schmidt dreimal zu Krisensitzungen in sein Amt – immer in der Absicht, unnachgiebig zu bleiben.

Ihm assistierte Hans-Jochen Vogel, der Bundesjustizminister. Vor den Tätern einzuknicken, würde ein »Präjudiz« schaffen, argumentierte dieser, dadurch werde die friedens- und lebensschützende Kraft des Staates beeinträchtigt. Deswegen sei die Entscheidung keine rechtliche, sagte der promovierte Jurist Vogel, sondern eine »staatspolitische«.

Doch Berlins Regierender Bürgermeister Klaus Schütz, Sozialdemokrat wie Schmidt und Vogel, war entschlossen, auf die Forderungen einzugehen, darin bestärkt von Unionsgranden wie dem rheinland-pfälzischen Ministerpräsidenten Helmut Kohl oder CSU-Chef Franz Josef Strauß. Der sprach von »politisch-moralischer Drückebergerei«, falls der Kanzler anderer Auffassung sei. Strauß wusste auch, wie denn in Zukunft mit solchen »Hallodris« umgegangen werden müsse: »Dass bis zum Rest dieses Jahrhunderts von diesen Banditen keiner es mehr wagt, in Deutschland das Maul aufzumachen.«

Vielleicht war es ja die scharfe Kritik, vielleicht war es aber doch nur die körperliche Schwächung (Kohl sprach diesbezüglich freilich von einer »zusammengezimmerten Legende«), vielleicht war es die Erkenntnis, dass, wie ein führender Politiker anmerkte, die »Einheitlichkeit der politischen Führungsschicht« nicht gefährdet werden dürfe: Als am Abend des 2. März, einen Tag vor Ablauf des Ultimatums, in der dritten Sitzung des Krisenstabs die Entscheidung für das Leben von Lorenz fiel, verzichtete Schmidt schlussendlich auf Widerspruch und den Versuch, die Autorität seines Amtes einzusetzen – er ging mit ein »auf den Handel«, wie er später sagte. Und für seine Verhältnisse klang das ziemlich zerknirscht.

Erst als er am nächsten Tag wieder »halbwegs klar im Kopf« gewesen war, sei ihm »schmerzlich bewusst« geworden, schreibt Hans-Joachim Noack in seiner Schmidt-Biografie, »dass ihn die Scheu, einen politischen Gegner seinem Verderben auszuliefern, zu einer inakzeptablen Milde verleitet hat«. In diesem Moment habe er sich das Versprechen abgerungen, nicht noch einmal nachzugeben – wenn er denn Herr der letzten Entscheidung sei.

Was alle Befürworter einer konsequent-harten Haltung – und darauf zielte ja Vogels Rede von der »staatspolitischen Entscheidung« – vorausgesagt hatten, trat knapp acht Wochen später ein. Der Fall Lorenz hatte bewiesen, dass der Staat erpressbar war, und Erpressbarkeit ist Schwäche. Genau deshalb feuerte Baader seine Leute draußen wieder einmal an, das Gleiche auch für ihn und seine Entourage zu tun – Freipressung.

Baader wusste, dass seine Order mit einem Überfall auf die Deutsche Botschaft in Stockholm vollzogen werden sollte, und er kannte auch den Termin, den 24. April 1975. Die Berliner Erfolgsvorlage schien ihm eindeutig. Am Morgen seien die Stammheimer Häftlinge, so empfand es jedenfalls der Gefängnisarzt Helmut Henck, »fröhlich gestimmt wie Kinder« gewesen. In den Kloschüsseln entdeckte ein Justizbeamter die Reste verbrannter Papiere. Baader und Co. hatten sich offenbar reisefertig gemacht und bereits Beweismaterial vernichtet.

Gegen 11.30 Uhr marschieren sechs RAF-Terroristen, jeweils zu zweit, in das Botschaftsgebäude, angeblich wollen sie in die Konsularabteilung. Das Team ist schwer bewaffnet, einer trägt 15 Kilogramm Sprengstoff mit sich, TNT. Widerstandslos gelingt es ihnen, zwölf Geiseln zu nehmen; im Zimmer des Botschafters müssen diese sich auf den Boden legen und einen Kreis bilden, bäuchlings, die Köpfe zur Mitte und die Hände hinterm Nacken verschränkt. Als Polizisten ins Gebäude eindringen und nicht, wie verlangt, nach 30 Minuten wieder verschwinden, wird der Militärattaché Andreas von Mirbach mit fünf Schüssen niedergestreckt; den tödlich verletzten Diplomaten werfen die Täter einfach die Treppe hinunter. Wie eine kaputte Schaufensterpuppe, die entsorgt wird.

Dann diktieren sie einer Sekretärin ihre Forderungen »an die Regierungen der Bundesrepublik und des Königreichs Schweden«. Innerhalb weniger Stunden müssten »26 politische Gefangene« – unter ihnen Baader, Meinhof, Ensslin – zum Frankfurter Flughafen gebracht und ausgeflogen werden, jede Verzögerung koste das Leben weiterer Menschen. »Der Versuch, die Botschaft zu stürmen, bedeutet den Tod aller«, das Gebäude würde dann in die Luft gesprengt werden.

Schwedens Ministerpräsident Olof Palme, ein Freund Schmidts, will diesen davon überzeugen, auf die Forderungen einzugehen. Kompromisslos erklärt der Kanzler: »Nein, ich tausche nicht aus, ich lasse keinen Terroristen aus dem Gefängnis frei.« Und Schmidt bleibt auch dabei, als das »Kommando Holger Meins« um 22.20 Uhr den Wirtschaftsreferenten Heinz Hillegaart erschießt.

Widerstand gegen diese harte Linie kommt zu Schmidts Erstaunen nicht aus der Opposition, sondern aus den eigenen Reihen der Koalition. Vizekanzler Genscher, der Außenminister, wendet ein, als Dienstherr der Stockholmer Geiseln habe er eine besondere Fürsorgepflicht. Er müsse damit rechnen, dass seine Beamten fragen: »Sollen wir künftig alle geopfert werden?« Auch Genschers Parteifreund Werner Maihofer, der Innenminister, verhält sich zögerlich.

Um 23.46 Uhr explodiert dann der im Botschaftsgebäude verteilte Sprengstoff, sechs Geiseln erleiden teils schwere Verletzungen. Der RAF-Mann Ulrich Wessel stirbt noch vor Ort, sein Komplize

Siegfried Hausner einige Tage später in der nur unzureichend ausgestatteten Krankenabteilung von Stammheim an einem Lungenödem – dem Knast, aus dem er Baader und die anderen hatte befreien wollen. Eigentlich sollte er, nach einer ersten Intensivversorgung in der Kölner Uni-Klinik, weiter in einer Ludwigshafener Spezialklinik für Brandverletzungen behandelt werden. Ein Bundesanwalt entschied dagegen.

Die Detonation zu jenem Zeitpunkt, kurz vor Mitternacht, war offenbar nicht geplant gewesen; bis heute ist nicht klar, ob ein technischer Defekt sie auslöste oder eine Unachtsamkeit. Im Kalkül der RAF-Chefstrategen freilich spielte dieses Ende eine bedeutende Rolle. So konnten sie sich die Version zurechtzimmern, allein die Explosion habe den Ausgang der Geiselnahme bestimmt – nicht aber das Machtwort des Bundeskanzlers.

Und sie schienen überzeugt davon, ein neuerlicher Versuch könne durchaus lohnend sein.

Aber erst einmal sah es so aus, als sei die RAF diesmal wirklich erledigt. Er habe »quasi vor dem Nichts« gestanden, berichtete Stefan Wisniewski in fast weinerlichem Ton. »Es gab noch ein paar Mark und zwei Pistolen, die aber auch nicht richtig funktionierten.« Einige Versprengte hielten sich in Hamburg versteckt, andere in Frankfurt und Karlsruhe. Fußlahm zwar, aber kampfbereit.

Im Untergrund gab es jemanden, den Leader Baader für stark genug hielt, die zweite Generation seiner RAF zu reorganisieren – Siegfried Haag, ein Anwalt aus Stuttgart, abgetaucht im Mai 1975, kurz bevor in Stuttgart-Stammheim der RAF-Prozess[6] startete. Er habe sei-

[6] Die Hauptverhandlung gegen Ensslin, Meinhof, Baader und Raspe begann am 21. Mai 1975. Vorwurf der Anklage: vierfacher Mord, Mordversuch in 54 Fällen. Das Gerichtsgebäude war eigens für diesen Prozess auf dem Gelände des Stammheimer Gefängnisses errichtet worden, Kosten: 12 Millionen D-Mark.

nen Beruf »nicht länger ausüben« wollen in einem Staat, der »die Vernichtung von Revolutionären durch Gleichschaltung von Gesetzgebung, Verwaltung und Justiz zu seinem Programm erhoben hat«, teilte Haag in einer Art Testament mit. Jetzt sei es »an der Zeit, im Kampf gegen den Imperialismus wichtigere Aufgaben in Angriff zu nehmen«.

Was Haag als »wichtigere Aufgaben« erachtete, dies wurde in RAF-typische Codes gegossen: »Margarine«, »Big Money«, »Rache«, »Big Raushole«. Vier Chiffren für den Plan der Pläne – bald »Offensive 77« genannt.

Ein dramatisches Ereignis wurde in dieser Phase für potenzielle Unterstützer der Terroristen zu einem wesentlichen Mobilisierungsfaktor – Ulrike Meinhofs Freitod am 9. Mai 1976. Sie hatte sich, längst von den anderen geschnitten und gedemütigt (»Das Messer im Rücken der RAF: Bist Du [...]«), mit ihren Kräften am Ende, am Fenster ihrer Zelle erhängt. Diese Verzweiflungstat wurde von den Häftlingen in deren typischer Propagandamanier zum »staatlichen Mord« und zur »kalt konzipierten Hinrichtung« erklärt.

DAS DOSSIER DES STASI-STARS

Aus der Zelle heraus bestimmte Andreas Baader einen Chef – eben den jungen Rechtsanwalt Siegfried Haag. Mit spontanen Aktionen müsse nun Schluss sein, befand Boss Baader. Die neue, die zweite Generation der RAF sollte ordentlich ausgebildet und am besten »international« eingebettet sein. Nur so schien es möglich, dass das einzige Ziel, das Ziel der Ziele, erreicht werden könnte – nämlich ihn und die anderen Häftlinge endlich freizupressen.

Haag, längst abgetaucht in die Illegalität, gab Order, wieder einmal zum Schnelltraining in den Nahen Osten zu reisen. Aus Gründen der Konspiration jeweils zu zweit und auf unterschiedlichen Routen. Vom ersten Trip 1970 ins jordanische Amman existiert im Archivkeller der Berliner Staatsanwaltschaft die Rechnung des Reisebüros: 4005 D-Mark. Da hatte offenbar noch niemand wirklich an Konspiration gedacht.

Das Ziel jetzt, im Sommer 1976: Aden, die Hauptstadt des Südjemen, der im Südwesten der Arabischen Halbinsel liegt.

Zwei Autostunden entfernt, auf dem Gelände eines alten britischen Stützpunkts mitten in der Wüstenei, befand sich das größte Ausbildungscamp der »Volksfront zur Befreiung Palästinas – Spezialkommando« (PFLP-SC). Dort, in Halma, waren von Spezialisten der militantesten PLO-Splittergruppe etliche europäische Terroristen gedrillt worden: Killer der irischen IRA, Kämpfer der »Front für die Befreiung der Molukker« aus den Niederlanden, Guerilleros der baskischen ETA.

Und dort übten nun die Neuankömmlinge der deutschen RAF, bei glühender Hitze und hoher Luftfeuchtigkeit. Dauerlauf mit Gepäck am frühen Morgen, Gymnastik, Turnen, Nahkampftraining. Am Nachmittag Unterricht: Waffenkunde, Guerillataktiken, Theorie des Häuserkampfs. Am Abend standen Schießübungen auf dem Programm. Kein angenehmer Ort. Tagsüber oft Sandstürme, nachts kamen die Moskitos.

Chef der marxistisch-leninistisch orientierten PFLP-SC war der Arzt Wadi Haddad alias Abu Hani, ein Mastermind des internationalen Terrorismus. Haddad, ein praktizierender Christ, arbeitete seit Ende der Sechzigerjahre für den sowjetischen Geheimdienst KGB, der über lange Zeit die Volksfront mit Waffen und Geld versorgte. Und der KGB kooperierte, per Vertrag besiegelt, mit dem Ost-Berliner Ministerium für Staatssicherheit. Die Stasi wiederum trimmte den südjemenitischen Bruderdienst und half mit Technik aller Art aus. Es war ein Geschäft auf Gegenseitigkeit, mitunter spielten auch persönliche Freundschaften eine Rolle.

Haddads Volksfront unterstützte die RAF-Eleven nach Kräften. Ohne sie, sagt Peter-Jürgen Boock, sei der Trupp »nicht mehr oder nur sehr eingeschränkt aktionsfähig gewesen«. So hätten die Palästinenser vertrauliche Dokumente von Interpol und des Bundeskriminalamts präsentiert, die den präzisen Fahndungs- und Ermittlungsstand in Sachen RAF beschrieben, auch »besondere Erkennungszeichen einzelner Gruppenmitglieder«. Einige ließen sich daraufhin Warzen und Leberflecken wegoperieren oder einen Knorpel an der Nasenspitze.

Tatsächlich gelang es, binnen weniger Wochen im Südjemen aus der RAF-Restmannschaft eine kleine, schlagkräftige Einheit zu schmieden. Deren erster Job war die Auswahl geeigneter, das heißt prominenter Geiseln. Aus Sicht der Terroristen Garanten für einen zügigen Austausch.

Auf der Liste: Helmut Schmidt, der Bundeskanzler. Hans Filbinger, Baden-Württembergs Ministerpräsident. Zwei amerikanische NATO-Generäle. Jürgen Ponto, der Frankfurter Banker. Oder Eberhard von Brauchitsch, Generalbevollmächtigter des milliardenschweren Flick-Konzerns.

Und Hanns Martin Schleyer, Chef der in Köln residierenden Bundesvereinigung der Arbeitgeberverbände, Vorstandsmitglied des weltweit operierenden Unternehmens Daimler-Benz.

An Schleyer, der schon einmal, 1975, auf einer Opferliste der RAF gestanden hatte und wohl auch ausspioniert worden war, war Haddad offenbar besonders interessiert. Daimler-Benz nämlich lieferte Lastwagen an die Israelis, die Todfeinde der Palästinenser. Lkw, die auch militärisch genutzt werden konnten. Schleyer, so sein mögliches Kalkül, könnte als Gefangener Betriebsgeheimnisse preisgeben. Wohl deshalb auch bot Haddad an, über ihn spezielle Informationen zu besorgen. Amtliche, kein Zeitungswissen. Kein Buchwissen.

Haddad meldete sich in Ost-Berlin, vielleicht bei *Walter Herbst*. Der ehemalige Stasi-Offizier im Südjemen, von den Kollegen »Frontschwein« genannt, arbeitete seit Langem schon für die Abteilung X der Hauptverwaltung Aufklärung. Und für sie wirkte auch ein Medienprofi – Willi Rudolf Schelkmann. Einer, der präzise recherchierte und auf den Punkt formulieren konnte.

Schelkmann schrieb seit Kurzem, im Auftrag der HVA, an einem Dossier über Schleyer. Einer der wichtigsten Punkte sei gewesen, dessen Mitgliedschaft in der SS zu belegen, und zwar »zweifelsfrei«, wie er später bei einem Verhör, wenige Monate vor seinem Tod im Dezember 1992, zu Protokoll geben sollte.

*

Dieser Stasi-Star Schelkmann war eine überaus schillernde Figur – schon wegen seiner ganz besonderen deutsch-deutsch-deutschen Biografie. Soldat im Hitler-Deutschland, Journalist in der Bundesrepublik Deutschland, Spion im Auftrag der Deutschen Demokratischen Republik. Ein pralles, filmreifes Leben, das in diesem Buch zum ersten Mal ausführlich erzählt werden kann. Mal hieß er Karstädt, mal Goldring, mal war er versteckt hinter einer Chiffre, die Teil seiner MfS-Registriernummer war: 6004/60.

Schelkmann stammte aus Dortmund, mit siebzehn wurde er freiwillig Soldat, bei der Waffen-SS. Er gehörte der »Leibstandarte Adolf Hitler« an, einer Eliteeinheit. Und er wurde Mitarbeiter im Berliner Reichssicherheitshauptamt, der Terrorzentrale des NS-Regimes.

Am 8. Mai 1945 kapitulierte dieses Regime. Von nun an bestimmten hier die Alliierten. Im Osten die Russen, im Westen Franzosen, Briten und Amerikaner. Ein Desaster für einen jungen Menschen wie Schelkmann, der die Ideologie der Waffen-SS (»Niemals darfst Du kneifen«) verinnerlicht hatte – fast eine persönliche Niederlage. Er wollte Kripobeamter werden oder Privatdetektiv, hatte aber nur diese Chance: zu überleben als »Direktor« eines kleinen, neu gegründeten Varietés, das im Oktober 1946 schon wieder pleite war.

Schelkmann ging in den Untergrund und scharte im Südwesten Deutschlands Gesinnungsgenossen um sich. Das Ziel dieser Kriegsverlierer: Wiedererrichtung der Nazi-Herrschaft. Was bedeutete, die Militärregierung der Alliierten bekämpfen zu müssen, offen, aber auch subversiv. Bald rollten Agenten des Central Intelligence Corps (CIC), des Geheimdiensts der US-Armee, die kleine Clique auf, und die in Göppingen amtierenden amerikanischen Militärrichter verurteilten Anführer Schelkmann wegen »Gefährdung der Sicherheit der Alliierten Streitkräfte« zu 15 Jahren Gefängnis – ein außergewöhnlich hartes Urteil.

Weit über vier Jahre saß Schelkmann ab, auch dies außergewöhnlich angesichts der verblüffend liberalen Gnadenpraxis damals. Nach seiner Entlassung betätigte er sich als Vertreter und technischer Zeichner. Schließlich, 1957, heuerte er bei der HIAG an, der »Hilfsgemeinschaft auf Gegenseitigkeit der Angehörigen der ehemaligen Waffen-SS«. Ein Verein, dessen Mitglieder vor allem daran arbeiteten, frühere Angehörige dieser Truppe »politischer Soldaten«, wie Historiker sie charakterisieren, öffentlich zu rehabilitieren.

Das Nürnberger Tribunal hatte die SS, auch fast sämtliche Gliederungen der Waffen-SS, zur »verbrecherischen Organisation« erklärt. Mit dem Effekt, dass Zehntausenden dieser Soldaten der Weg in den Staatsdienst versperrt oder ein Anspruch auf Altersversorgung vorenthalten blieb – im Gegensatz zu den Soldaten der Wehrmacht. Aufgabe der HIAG war es, der Öffentlichkeit und den Entscheidern im Bundestag weiszumachen, dass Waffen-SSler gleichzustellen seien mit Ex-Soldaten.

Schelkmanns Job als Geschäftsführer der HIAG-Zweigstelle Dortmund und Sprecher für das Ruhrgebiet sowie das Münsterland war der eines PR-Mannes. Die Waffen-SS, erklärte er, habe zwar »hart« gekämpft, aber stets »fair«. In Wahrheit wurden bei Vergeltungsaktionen Menschen auf schreckliche Weise getötet, Kinder, Frauen, Greise, Kriegsgefangene, Zwangsarbeiter. In Wahrheit war die Waffen-SS auch »Wegbereiter der Shoah« (so der Titel eines Buches des Zeitgeschichtlers Martin Cüppers), der fabrikmäßig organisierten Vernichtung von über sechs Millionen Juden.

Als Schelkmann den Verein betrog, verzichtete der HIAG-Vorsitzende Kurt Meyer, als »Panzer-Meyer« mystifizierter Kommandeur der SS-Division »Hitlerjugend«, auf eine Strafanzeige: einmal Kamerad, immer Kamerad. Aber für den HIAG-Trommler Schelkmann war die Karriere vorbei – wieder einmal.

Der wendige Typ wusste, wo er sie, auf ganz andere Weise, fortsetzen konnte: bei der Stasi. Als Morgengabe brachte der »Selbststeller« oder »Selbstanbieter«, so heißen diese Figuren unter Geheimdienstlern, zwei Koffer voller Dokumente mit: SS-Akten, Papiere des Reichssicherheitshauptamts und nicht zuletzt Details über die sogenannte Rattenlinie, den Fluchtweg etlicher kleiner oder großer Regimegetreuer via Italien oder mit Unterstützung des Vatikanstaats nach Südamerika, vorzugsweise Argentinien.

Wie etliche seiner alten SS-Kameraden war Schelkmann Mitglied der FDP geworden, und deshalb wurde er, nunmehr Inoffizieller Mitarbeiter (IM) für eben die HVA-Abteilung X, auf diese Partei angesetzt. X, die römische Zehn. Die Aufgabe solcher Agenten, die einem besonders anspruchsvollen Job in der Hochzeit des Kalten Krieges nachgingen: Desinformationen produzieren – um so Misstrauen zu säen. Schelkmanns erster Auftrag lautete, im Rheinland einen Informationsdienst herauszugeben, der eine für das SED-Regime förderliche Ostpolitik promoten und zugleich die Nähe zur FDP suggerieren sollte. Der Titel: *X-Informationen*. X – wie die Abteilung für Fake News. Das ist Stasi-Chuzpe pur.

Im August 1969 erschien die letzte Ausgabe, zwei Monate später begann in Bonn die erste Koalition von SPD und Freidemokraten – die sozialliberale – mit ihrer Arbeit. Aus dem »Einflussagenten« Schelkmann wurde ein Spion klassischer Art, der nicht nur gute Kontakte zu Politikern aller Couleur besaß. Seine Parteifreunde verschafften ihm überdies Jobs, die unerwartet ein breites Betätigungsfeld boten. »Das war für uns«, sagt einer seiner Führungsoffiziere, »der absolute Volltreffer.«

Ab 1970 arbeitete Schelkmann, auf FDP-Ticket, für die Regierung, genauer: fürs Auswärtige Amt (AA), an dessen Spitze Walter Scheel stand, der spätere Bundespräsident. Weil im Außenamt eine Weiterbeschäftigung »aus haushaltstechnischen Gründen« nicht möglich war, empfahl ihn AA-Staatssekretär Karl Moersch dem Presse- und Informationsamt. Schelkmanns »journalistische Fähigkeiten und politische Kenntnisse«, schrieb Moersch im April 1971 an den stellvertretenden Amtschef und Parteifreund Rüdiger von Wechmar, seien »überdurchschnittlich« – und »damit für die Öffentlichkeitsarbeit der Bundesregierung außerordentlich wertvoll«.

Im September 1972 wurde er gar ins Kanzleramt befördert, sein Auftrag: für Willy Brandt, den Kanzler der Entspannung, »außenpolitische Reden zu entwerfen«. Doch 6004/60 hatte gar keine Gelegenheit, überhaupt nur eine Zeile zu Papier zu bringen. Schon nach ein paar Tagen wurde er ins Presseamt zurückgeschickt. Angeblich hätte ihm Regierungssprecher Conrad Ahlers erklärt, »als ehemaliger SS-Mann« könne er doch »dem Antifaschisten Brandt nicht zuarbeiten«.

Ahlers' Veto, wenn Schelkmanns Schilderung denn stimmt, bedeutete, dass erst mit dem Wechsel in die Regierungszentrale eine wirkliche Personenüberprüfung stattgefunden haben muss. Bis dahin hatte seine Selbstauskunft genügt, die als »Lebenslauf« in der Personalakte abgeheftet ist: Kriegsfreiwilliger, Studium der Rechts- und Staatswissenschaften während des Krieges, Kriegsgefangenschaft, danach Fortsetzung des Studiums, abgebrochen »aus finanziellen Gründen«.

Kein Wort über den Dienst in der »Leibstandarte Adolf Hitler«. Kein Wort über die Jahre im Gefängnis. Kein Wort über seine HIAG-Lobbyarbeit. Wenig später wurde er entlassen – mit der satten Abfindung von 30 000 D-Mark.

Stasi-Obere ordneten im August 1975 an, die fünfköpfige Familie Schelkmann müsse in die DDR übersiedeln – sofort. Alles war organisiert. Ein nettes Häuschen im Nordwesten von Ost-Berlin, ein neuer Job: als »Analytiker« der »politischen Szene Westdeutschlands«, wie Schelkmann es formulierte.

Der neue Job, das hieß auch: Personenprofile zu erstellen, Dossiers. Über den bayerischen Ministerpräsidenten Franz Josef Strauß zum Beispiel. Oder über den hochdekorierten SS-Standartenführer und Kriegsverbrecher Joachim Peiper, der im Sommer 1976 in seiner französischen Wahlheimat offenbar einem Anschlag zum Opfer fiel, dessen Hintergründe nie wirklich geklärt werden konnten.

Und ein Dossier über Schleyer.

Diesen Auftrag, so Schelkmann, habe er »etwa 1976« erhalten. Genauer war seine Erinnerung angeblich nicht. Auf Grundlage von Stasi-Akten lässt sich der Zeitpunkt freilich eingrenzen – es muss im Juli 1976 gewesen sein. Denn am 23. dieses Monats lieferten MfS-Archivspezialisten dem stellvertretenden Leiter der Abteilung X ein 72-seitiges Aktenkonvolut über Schleyer. Dabei auch »übersetzte Unterlagen aus der CSFR« (Schelkmann), der damaligen Tschechoslowakei. Dort, in der Hauptstadt Prag, hatte Schleyer als Untersturmführer der SS beim Zentralverband der Industrie für Böhmen und Mähren gearbeitet.

Schleyers Kriegsvergangenheit war da schon längst bekannt, er hatte nie ein Hehl daraus gemacht. In der Hamburger Illustrierten *Stern* hatte zwei Jahre zuvor, 1974, der Journalist Kai Hermann kursorisch darüber berichtet. Auch der Schriftsteller Bernt Engelmann beschrieb sie, ebenfalls 1974, in seinem Buch *Großes Bundesverdienstkreuz*. Dieser *Tatsachenroman*, so der Untertitel, ein in vielen Passagen krudes Konstrukt, wurde zum Bestseller. Auflage: eine halbe Million. Eine Quelle für Engelmann und Hermann: Stasi-Unterlagen.

Ein Papier aus Prag lag beiden Autoren offenbar nicht vor – die fast 460 Seiten lange Liste mit dem Titel »Unbestrafte Kriegsverbrecher«. Tatsächlich ist darin ein »Schleyer« notiert, laufende Nummer 2536. Sein erster Vorname Hanns ist falsch geschrieben, ein n statt zwei, das ist ein lässlicher Fehler. Das Geburtsdatum stimmt: 1. Mai 1915.

Allerdings, dieses Papier ist eine eher unzuverlässige Quelle, weil in keinem Fall ein konkreter Tatvorwurf benannt ist. Und es entlarvt sich schon deshalb als wertlos, weil – fast direkt vor Schleyer – ein Name vermerkt ist, der in diese Liste mitnichten hineingehört: Oskar Schindler. Jener Schindler, der gegen Ende des Zweiten Weltkriegs über 1200 jüdische Zwangsarbeiter vor dem sicheren Tod rettete. Ein Steven-Spielberg-Film über diese Großtat – *Schindlers Liste* (1993) – wurde mit sieben Oscars ausgezeichnet.

*

Kurz vor der Rückreise der RAF-Trainees im Herbst 1976 konnte Wadi Haddad Vollzug melden. »Wir bekamen ein Geheimdienstdossier«, berichtet Boock. In deutscher Sprache, »mit Stempelspuren«, die auf den tschechischen Geheimdienst als Quelle deuteten. Ganz offenbar Schelkmanns Expertise, zumindest jener Teil, der sich mit Schleyers SS-Karriere befasste und sich wohl auch auf jene Liste bezog. Angeblich hat er diese Expertise dann über Monate fortgeschrieben – bis in den Sommer 1977 hinein.

Für die Terroristen galt der Ex-SS-Mann Schleyer von nun an tatsächlich als Kriegsverbrecher, quasi amtlich bestätigt von einem Ex-SS-Mann und Stasi-Spion, der es in hohe Bonner Ämter geschafft hatte. Ein ganz bizarres Stück deutscher Zeitgeschichte.

»ALTER NATIONALSOZIALIST UND SS-KÄMPFER«

Schleyer also. Und nicht Filbinger, der baden-württembergische Regierungschef. Auch nicht Schmidt, der Bundeskanzler, in RAF-Papieren »Zwerg« genannt. Kein NATO-General. Die Zielperson jetzt, neben Generalbundesanwalt Siegfried Buback und Banker Jürgen Ponto: Schleyer. Daimler-Vorstand, Präsident der Bundesvereinigung der Deutschen Arbeitgeberverbände und auch, seit Anfang Januar 1977, Lenker des Bundesverbands der Deutschen Industrie.

Schleyer wurde am 1. Mai 1915 im badischen Offenburg geboren. Der Vater war Richter und von Amts wegen eigentlich ein Aktenfuchs, weshalb auffällt, dass der Vorname des Sohnes über Jahre hinweg in den Dokumenten variiert. Mal Hans Martin, mal Hansmartin, mal Hanns Martin. Mal Hanns-Martin. Im März 1931, als Sekundaner am Rastatter Ludwig-Wilhelm-Gymnasium und 15 Jahre jung, meldete er sich bei der hiesigen Hitlerjugend an.

Die HJ war besonders attraktiv in dieser Zeit, wie der BDM, der Bund Deutscher Mädel. Hitlers Nationalsozialismus war eben auch eine Bewegung, die gerade junge Menschen anzog – weil anfangs etliche an das propagierte Ideal einer Gemeinschaft über alle gesellschaftlichen Schichten hinweg glaubten. Oder, wie Schleyer es tat, an die Notwendigkeit eines starken Führers. Schleyer habe, so erinnerte sich ein Rastatter Mitschüler, »zu den wenigen rechts außen stehenden Schülern der höheren Jahrgänge« gehört.

Knapp zwei Wochen nach der »Machtergreifung«, wie die Nazis verklärend ihren Erfolg vom 30. Januar 1933 titulierten, machte der Katholik Schleyer das Abitur. Die Noten in Latein, Griechisch, Mathematik und Physik – »hinlänglich«, mit anderen Worten: eine Vier.

Geschichte, Französisch, Philosophische Propädeutik – »ziemlich gut«, eine Drei. Deutsch, Geografie, Gesang, Turnen – eine Zwei. Ein »sehr gut« gab es nur in Religion.

An der Heidelberger Universität studierte Schleyer Jura, dabei legte er sich mächtig für Hitler ins Zeug. Die NSDAP verstand es glänzend, sich zu präsentieren als Partei für aufstrebende junge Akademiker. Schleyer verfasste Beiträge für das Periodikum *Heidelberger Student*, und dabei, notiert sein Biograf Lutz Hachmeister, habe er sich »als völkischer Geschichtsschreiber im gängigen Superlativ-Stil versucht«. Eine seiner Thesen lautete: Jede »geistige Erneuerungsbewegung, jede völkisch-politische Idee« – Hitlers Ideen – würde unter den Studenten die »fanatischsten Vorkämpfer [...] für selbstlosen Einsatz« finden. Den Autor eingeschlossen, selbstredend.

Zu diesem Zeitpunkt war Schleyer längst Angehöriger der SS, Mitgliedsnummer 227 014. SS, das war die Schutzstaffel der Partei. Die schien den Nazis anfangs notwendig, um Hitler und seine Kumpanen mit den Fäusten rauszuhauen, wenn sie in Scharmützel mit den letzten Verfechtern der Demokratie oder an Kommunisten gerieten. Bald schon wurde die SS zur wichtigsten Stütze der NS-Herrschaft – und deren Mordapparat. Ihre Mitglieder verstanden sich als »blutmäßig definierte« Elite. Schleyer gehörte dem Corps Suevia an, der ältesten Heidelberger Studentenverbindung, einer schlagenden. Daher rührten seine Narben (»Schmisse«) im Gesicht.

Dann schloss er sich dem Nationalsozialistischen Deutschen Studentenbund an; er wurde ein Zögling des Vorsitzenden Gustav Adolf Scheel, der bald schon, von Beruf Mediziner, zum Reichsstudentenführer ernannt wurde und dann höchste Funktionen übernahm – zum Beispiel die des NS-Gauleiters in Salzburg. Scheel sorgte dafür, dass Schleyer zum Leiter des Heidelberger Studentenwerks aufstieg. Ein Job mit Verantwortung, nicht aber für alle. Das Studentenwerk verfügte über viel Geld, mit dem gezielt NS-Studenten gefördert wurden. Deren jüdische Kommilitonen jedoch, so der Publizist und Historiker Erich Später, seien »von allen Leistungen ausgeschlossen« worden.

Seit dem 1. Mai 1937 – dem »Tag der nationalen Arbeit« – war Schleyer Mitglied der NSDAP, Registriernummer 5 056 527. Als Hitler im März 1938 sich per Dekret Österreich einverleibte, ging Schleyer, offenbar auf Scheels Wunsch, nach Innsbruck. Dort wurde er zum Doktor der Jurisprudenz nach österreichischem Recht promoviert, heißt: ohne schriftliche Arbeit. Die mündliche Prüfung bestand er mit »rite«, genügend. Das ist die schlechteste Note überhaupt.

Und dort, in Innsbruck, wurde er zum multifunktionalen Studentenführer. Leiter des Wirtschafts- und Sozialamts, »Untersuchungsführer« der Studentenschaft, Funktionär in der Gaustudentenführung für Tirol. Schleyer war dem Rasse- und Siedlungshauptamt der SS attachiert, sein Dienstgrad: Oberscharführer. Dies entsprach dem eines Unteroffiziers bei der Wehrmacht.

Bereits mit knapp 27 Jahren beschrieb sich Schleyer als »alter Nationalsozialist und SS-Kämpfer«, als »deutscher Kämpfer«. Das »Nationale«, sagte sein ältester Sohn Hanns-Eberhard Schleyer im Gespräch mit der Autorin Anne Ameri-Siemens, habe dabei für ihn »eine immer größere Bedeutung bekommen«. Deswegen habe der Vater »wenig Verständnis für andere« gehabt, »die nicht von den gleichen Vorstellungen ausgehen wollten, wie er es tat«. Im Rückblick erst sei »ihm schmerzhaft bewusst« geworden, ein solch »menschenverachtendes System mitgetragen zu haben«.

Schleyer verlobte sich Ende 1938 mit der ein knappes Jahr jüngeren Krankengymnastin und Ex-Medizinstudentin Waltrude Ketterer, auch sie Mitglied der NSDAP. Am 21. September 1939 war Hochzeit. Waltrudes Vater Emil Ketterer, Obergruppenführer der SA, gehörte zur Prominenz in Bayern: ein herausragender Leichtathlet, Rekordhalter mit der 4-mal-100-Meter-Staffel, Präsident des TSV 1860 München, Regimentsarzt, ausgezeichnet mit dem höchsten Orden der Hitler-Partei, dem »Blutorden«. Den trugen nur die ganz alten Kameraden.

Am 8. Mai 1940, auf den Tag genau fünf Jahre vor der bedingungslosen Kapitulation, begann Schleyers kurze Zeit als Soldat, und zwar mit einer vierwöchigen Grundausbildung zum Gebirgsjäger. Bei einem Klettertraining im Spätsommer an der Kreideküste im Norden Frankreichs – Schleyers Regiment sollte bei der geplanten Invasion Großbritanniens (»Operation Seelöwe«) eingesetzt werden – stürzte er ab in eine Spalte und verletzte sich schwer an der Schulter. Sein Status jetzt: untauglich.

Aber durchaus tauglich für die Jobs, die nun kommen sollten.

Er wurde nach Prag abkommandiert und dort, am 1. Mai 1941, Chef des Studentenwerks. Seit über zwei Jahren bereits war die alte Kaiserstadt Kapitale des von Hitler proklamierten »Reichsprotektorats Böhmen und Mähren«. Das Prager Studentenwerk war das größte im Hitler-Reich, hatte 160 Beschäftigte und verfügte über einen Jahresetat von zehn Millionen Reichsmark. Eine wesentliche Aufgabe bestand darin, Wohnheime zu verwalten und Unterkünfte zu organisieren. Keine leichte Aufgabe, denn deutsche Studenten, so Erich Später, seien bei den Tschechen »als militante Nazis besonders verhasst« gewesen. Gleichzeitig fungierte Schleyer als wirtschaftlicher Leiter des »Langemarck-Studiums«, das Jugendliche aus finanzschwachen Familien beim Erwerb der Studienberechtigung förderte.

Bald schon, eher zufällig, eröffnete sich ihm eine andere berufliche Perspektive. Der Präsident des Zentralverbands des böhmisch-mährischen Industrieverbands (ZVI), Bernhard Adolf, heuerte den promovierten Juristen an. Ganz rasch stieg Schleyer vom einfachen Referenten zum Büroleiter auf, de facto war er Adolfs Stellvertreter.

Der ZVI war eine wichtige Einrichtung, er arbeitete in Rüstungsfragen eng mit der Wehrmacht und den Produktionsstätten vor Ort zusammen. Hitler brauchte die hoch entwickelte tschechische Industrie für seine Kriegsmaschinerie. Anders als im Ruhrgebiet lagen die Fabriken außerhalb der Reichweite alliierter Bombengeschwader.

Für ein gutes halbes Jahr hatte in Prag eine der übelsten Figuren des Hitler-Regimes das Kommando: Reinhard Heydrich, 37 Jahre alt, Obergruppenführer der SS und General der Polizei, Organisator der sogenannten Wannsee-Konferenz, die am 20. Januar 1942 in Berlin stattgefunden hatte. Was klingt wie ein harmloser Treff von Touristikexperten, das war die Verabredung zu millionenfachem Mord. Die Nazi-Führung nannte dieses bald beginnende Jahrtausendverbrechen die »Endlösung der Judenfrage«, und Heydrich war der »Beauftragte«.

Kurz nach seinem Dienstantritt erläuterte er Funktionären des Besatzungsregimes seine Zukunftsvision. »Dieser Raum« werde »einmal deutsch sein« müssen, der Tscheche habe da »letzten Endes nichts verloren«. Derzeit aber sei »Ruhe im Raum« nötig, »damit der tschechische Arbeiter für die deutsche Kriegsleistung vollgültig seine Arbeitskraft einsetzt«. Deshalb müsse ihnen »an Fressen« gegeben werden, was sie bräuchten, um diese Arbeit zu »erfüllen«. Die Frauen und Männer schufteten bis zu 72 Stunden in der Woche.

Am 27. Mai 1942 detonierte im Prager Viertel Holešovice, direkt vor Heydrichs Dienstwagen, ein Sprengsatz. Eine Woche später starb er an den schweren Verletzungen – und die Rache der Deutschen war fürchterlich. Im Dorf Lidice töteten sie 173 Männer, über 300 Frauen und Kinder verschleppten sie ins KZ. Dann brannten sie die Ortschaft nieder.

Lidice wurde zu einem Synonym für die Massaker der Nazis.

Als Rüstungsschmiede spielte das Protektorat in der Endphase des Krieges eine ganz besondere Rolle. Längst nahm Schleyer teil an allen wichtigen Besprechungen mit der NS-Führungselite in Prag. Vielleicht deshalb wurde er – nunmehr Untersturmführer, Leutnant – dem Reichssicherheitshauptamt zugeteilt; dies war offenbar ein reiner Verwaltungsakt.

Kurz nach der Geburt des ersten Sohnes Hanns-Eberhard am 1. November 1944 bezogen die Schleyers eine kleine Villa im noblen Diplomatenviertel von Prag. Sie hatte einst einem jüdischen Ehepaar gehört. Der Mann, ein honoriger Bankdirektor, war im KZ Mauthausen ermordet worden. Die Frau in Auschwitz.

Lange hat Schleyer offenbar nicht glauben wollen, dass das System Hitler kollabieren könnte. Anfang April 1945 fuhr seine Frau mit dem Baby zu ihren Eltern nach München. Als am 5. Mai in Prag der Aufstand gegen die Besatzer losbrach, setzte sich Schleyer mit zwei Kollegen ab.

In Konstanz, bei seinen Eltern, fand Schleyer Unterschlupf. Die Stadt am Bodensee gehörte, ebenso wie weite Teile Süddeutschlands, seit der Kapitulation zur französischen Besatzungszone. Am 18. Juli standen Soldaten vor der Tür. Schleyer wurde festgenommen und interniert, seine Registriernummer: 623.

*

Es ist erstaunlich, was später über Schleyers Zeit in Prag verbreitet wurde. Bernt Engelmann stellte die Vermutung an, er sei wohl der letzte »SS-Kampfkommandant« gewesen, möglicherweise verantwortlich für ein Massaker an 41 Bürgern, unter ihnen Kinder und schwangere Frauen. Beleg dafür: Der fragliche Mann sei, laut tschechischen Angaben, etwa 30 Jahre alt gewesen, habe eine Mensurnarbe getragen und wohl Shallmayer geheißen. Schleyer sei der »einzige SS-Führer« gewesen, dessen Name »gewisse Ähnlichkeiten« aufweise und »auf den die verschiedenen Beschreibungen passen« könnten: ein »gedrungener, breitgesichtiger Mann mit dicken Lippen«.

Und der Grafiker, Jurist und spätere Präsident der Akademie der Künste, Klaus Staeck, behauptete, wie andere auch, Schleyer sei nicht nur »Kontrolleur der tschechoslowakischen Industrie«, sondern auch »rechte Hand« von Heydrich gewesen. Staeck dichtete ihm zugleich einen höheren Dienstgrad an: Hauptsturmführer der SS. »Solche Wandersagen«, solcher Unsinn, schreibt Lutz Hachmeister, hätten sich deswegen »herausbilden« können, weil »Schleyers Biografie in der Öffentlichkeit lange Zeit unberührbar geblieben« sei.

IM ZENTRUM DER POLITIK

Erst einmal log Schleyer. Lügen hieß: leichter überleben zu können; die Lüge war eine Art Abwehrmechanismus. Die größte wurde gleich millionenfach schon in den ersten Tagen der Nachkriegszeit produziert: Man sei dem »Führer« gefolgt und von ihm verraten worden – ein Rechtfertigungsmuster, das sich ganz schnell zum Mythos einer kollektiven Unschuld entwickelte.

Zu diesem Typus Lügner gehörte Schleyer jedoch nicht. Nie hat er, anders als viele, auch hoch angesiedelte Hitler-Getreue, den Versuch unternommen, seine NS-Vergangenheit zu bestreiten. Allerdings, er schwindelte sich alsbald runter zum gewesenen Oberscharführer, drei Ränge tiefer. Und erklärte, »Ostflüchtling ohne festen Wohnsitz« zu sein. Außerdem habe es gegen ihn »ein SS-Strafverfahren« gegeben, er sei, gaukelte er vor, »seit 1942 in der Privatindustrie tätig« gewesen – »kein Rüstungsbetrieb«.

Dies alles verfing bei den französischen Besatzern nicht. Auch nicht bald schon von verschiedenen Seiten eingehende salvierende Bittschriften und Erklärungen. Entscheidend für die Franzosen war Schleyers Mitgliedschaft in der SS. Fast drei Jahre blieb er in Internierungshaft. Im Rahmen der Entnazifizierung – die Grobeinteilung war: »Hauptschuldiger«, »Belasteter«, »Minderbelasteter«, »Mitläufer«, »Entlasteter« – wurde er in letzter Instanz als »Mitläufer« eingestuft.

Schleyers Berufskarriere im neuen Deutschland begann am 1. März 1949. Er stieg als Referent bei der Industrie- und Handelskammer in Baden-Baden ein, übrigens mit Unterstützung der Franzosen. Im Oktober 1951 wechselte er nach Stuttgart zu Daimler-Benz, im Mai 1953 wurde er Leiter des Vorstandsbüros, eine ähnliche Position wie beim

Prager ZVI, 1956 dann Chef der Personalabteilung, 1959 erst stellvertretendes, 1963 schließlich ordentliches Vorstandsmitglied, zuständig für Personalwesen und Planung. Und Schleyer wäre wohl Vorstandsvorsitzender geworden – hätte er nicht Friedrich Karl Flick, den Hauptaktionär von Daimler, »Arschloch« genannt. So die Legende. Sicher ist: Schleyer war ein Mann der klaren Worte, und er hatte immer, sagt der frühere Daimler-Chef Edzard Reuter, genaue »Vorstellungen konzeptioneller und strategischer Art«. Er war überzeugt davon, dass die Zukunft des Unternehmens dann gesichert sei, wenn es sich auf die Produktion von Lastwagen konzentriere. Und nicht auf Limousinen. Dies fand keine Zustimmung, vor allem Flick war dagegen.

Klare Worte, klare Kante: Als 1963 die Metallarbeiter streikten, reagierte Schleyer – nunmehr auch Vorsitzender des Verbandes Württembergisch-Badischer Metallindustrieller – mit der Aussperrung, betroffen waren über 300 000 Menschen. Seit 1929, dem Beginn der Weltwirtschaftskrise, hatte kein Arbeitgeber es je gewagt, zu diesem schärfsten Mittel während eines Tarifstreits zu greifen. Überdies war Schleyer ein beinharter Gegner der paritätischen Mitbestimmung, die in den Aufsichtsräten die Gleichberechtigung von Arbeitnehmervertretern und Anteilseignern vorsieht.

Die Gewerkschaften hielt er deswegen für unverzichtbar, weil sie eine »ordnungspolitische Funktion« hätten. Und Schleyer war in diesen Kreisen keine Hassfigur, wie manchmal geschrieben wurde. Willi Bleicher etwa, der legendäre IG-Metall-Funktionär aus Stuttgart, ein Ex-Kommunist und früherer KZ-Häftling, verstand sich recht gut mit ihm, jedenfalls in kleiner Runde. Schleyer sei zwar, so Bleicher, einer der »konsequentesten, der rigorosesten Unternehmensvertreter« gewesen, »wie kein anderer« habe er die Interessen des Kapitals »zu vertreten und durchzuboxen« versucht. Aber Bleicher sagte auch: »Auf sein Wort habe ich mich immer verlassen können.« Und warnte davor, die Vergangenheit zu instrumentalisieren. Schleyer müsse »nach dem beurteilt werden, was er heute macht«.

Schleyers politisches Zuhause war, seit 1970, die CDU. Ein interessanter Männerklub fand sich zusammen, auf industriell-wirtschaftlicher Seite Schleyer und Eberhard von Brauchitsch, Geschäftsführer des Flick-Konzerns und eine Zeit lang Generalbevollmächtigter des Springer-Konzerns; später stieß der Bankmanager Alfred Herrhausen dazu. Auf politischer Seite: Helmut Kohl, Ministerpräsident von Rheinland-Pfalz, seit 1973 Bundesvorsitzender der CDU, und Kurt Biedenkopf, Ex-Rektor der Ruhr-Universität Bochum, an Kohls Seite nunmehr Generalsekretär der Partei. »Kohls politisches Gespür, Biedenkopfs analytische Brillanz und Schleyers praktische Erfahrung«, schrieb von Brauchitsch in seinen Memoiren, »das ergab spannende, zukunftsweisende Gespräche zu allen möglichen gesellschaftspolitischen Problemen.«

Als Kanzlerkandidat der Union wähnte sich zu dieser Zeit der CSU-Vorsitzende und Ex-Bundesminister Franz Josef Strauß, trinkfest, rhetorisch brillant, ein Kraftmensch wie Schleyer. Und der war anfangs durchaus angetan von Strauß. So neigten beide dazu, eigene Positionen »eher aggressiv als defensiv zu vertreten« (Schleyer). Wenn damit, wie es in der Hamburger Illustrierten *Stern* stand, eine »Seelenverwandtschaft« hatte begründet werden sollen, so endete diese bald schon wieder. Im November 1974 attackierte Strauß auf einer Klausurtagung der CSU in heftiger Weise die Schmidt-Regierung. Der Bayer unterstellte, im Kabinett säße »ein ganzer Haufen« Sympathisanten der »Baader-Meinhof-Verbrecher« – und legte nach: »Wir müssen sagen, die SPD und die FDP überlassen diesen Staat kriminellen und politischen Gangstern.«

Für Schleyer schien der christsoziale Haudrauf nach dieser Tirade nicht mehr »zuverlässig genug« zu sein, wohl deshalb favorisierte er an der Seite von Brauchitschs den Plan, die CDU solle bei der Bundestagswahl 1976 mit dem Tandem Kohl / Biedenkopf gegen Kanzler Schmidt und die von ihm angeführte sozialliberale Koalitionsregierung antreten. Bernt Engelmann, der Schriftsteller, streute später, Schleyer selbst sei als Minister gehandelt worden, und zwar für gleich drei mögliche Regierungspositionen: Chef des Kanzleramts, in dieser Funktion wäre er Aufseher über die drei Geheimdienste geworden, Wirtschaftsminister, Verteidigungsminister. Es war ein Gerücht, mehr nicht.

Zwar holten die Christdemokraten mit knapp 49 Prozent das zweitbeste Ergebnis seit Konrad Adenauers Triumph 1957 (50,2 Prozent). Doch Schmidt blieb, dank der Freidemokraten, im Amt.

Nach der Wahl wurde der CDU-Chef Kohl auch Vorsitzender der Unionsfraktion, Bonn jetzt seine zweite Heimat. »Alle paar Wochen«, schrieb er in seinen Lebenserinnerungen, habe er sich mit Schleyer, dem »weltläufigen Wirtschaftskapitän«, in seinem italienischen Stammrestaurant Roma verabredet. Schleyer nutzte solche Treffen, um Kohl klarzumachen, dass gewisse »Herz-Jesu-Marxisten« mit ihrem »Mißtrauen gegenüber einer freien Wirtschaftsordnung« bei den Unternehmern keinerlei Vertrauen genössen. Herz-Jesu-Marxisten, damit gemeint waren hochmögende Christdemokraten quasi linkskatholischer Herkunft. Heiner Geißler etwa, Sozialminister in der Mainzer Kohl-Regierung, als Nachfolger Biedenkopfs dann Generalsekretär der CDU. Oder Norbert Blüm, in dieser Zeit Hauptgeschäftsführer der Christlich-Demokratischen Arbeitnehmerschaft, später Arbeitsminister in Bonn unter Kohl.

*

Seit Ende 1973 fungierte Schleyer als Präsident der am Kölner Oberländer Ufer residierenden Bundesvereinigung der Deutschen Arbeitgeberverbände (BDA), und schnell war es ihm gelungen, aus dem »vergleichsweise harmlosen Arbeitgeberverband [...] eine wirksame Unternehmerlobby« zu formen, wie ein Magazin notierte. Mit »kumpelhafter Bärbeißigkeit« habe er sich »Gehör und Respekt« verschafft, und fast anerkennend bemerkte Kanzler Schmidt nach einer abendlichen Konferenz mit Vertretern der Wirtschaft, sie seien alle »ziemlich bedripst« gegangen, bedröppelt – außer Schleyer.

Nebenbei, nächtliche Gelage schienen ihm nichts auszumachen. Der Mann konnte, wenn es sein musste, trinken für drei, was selbst russischen Geschäftspartnern imponierte. »Er war immer pünktlich im Büro«, erinnerte sich eine seiner Sekretärinnen, »immer fit.« Und immer freundlich, interessiert, »sehr unkompliziert«.

Selbst kritische Zeitgenossen wie der spätere *Spiegel*-Chefredakteur Stefan Aust, der Schleyer Mitte der Siebzigerjahre eine Woche begleitete, um für die TV-Sendung *Panorama* ein Porträt über ihn zu drehen, fand ihn »sympathisch«, »offen«. Auch *Stern*-Autor Kai Hermann urteilte so. Ihn wunderte, dass beim »Boss der Bosse« daheim in Stuttgart »kein livrierter Butler und kein Mädchen im weißen Schürzchen« herumsprängen, kurzum: »Er mag kein falsches Gedöns um seine Person.«

Helmut Kohl beschrieb ihn als »ungewöhnlich ehrlich«, »bescheiden«. Bescheiden hieß auch, dass Schleyer überaus zufrieden war, wenn es in der Kantine Eintopf gab oder sein Fahrer ihm Reibekuchen holte, die er genüsslich verschlang. Und wirklich bescheiden, geradezu spartanisch, war die erste Kölner Wohnung in der Domstraße 95, zwei winzige Zimmer. Er nannte dieses Zuhause »meine kleine Absteige«.

Domstraße, das hört sich edel an – wie Parkstraße bei »Monopoly«. Doch hier, hinterm Hauptbahnhof, flanierten Prostituierte, die Gegend zählte, laut Polizei, »zu den Kriminalitätsschwerpunkten«. Die altehrwürdige Römerstadt trug lange einen nicht so netten Beinamen: Chicago am Rhein.

Im Haus nebenan, Domstraße 93, lag das Bierstüffge, Schleyers Stammkneipe. Er kannte auch das Cosmo und das Domduuve, auf Hochdeutsch: Domtauben. Im Bierstüffge redete ihn angeblich jeder mit Vornamen an, Martin. Der Wirt sagte später bei einer Vernehmung, er sei mit ihm »eng befreundet« gewesen, ab und an habe es »richtige Feten mit Schleyer« gegeben. Als er diesem von seinem Plan berichtete, eine neue Gaststätte aufzumachen, habe Schleyer sofort Hilfe zugesagt – »mehrere zehntausend Mark«. Einem anderen Stammgast soll er seine geheime Telefonnummer auf einen Bierdeckel gekritzelt haben: »Wenn Du mich mal brauchst, ruf an.«

Das alles klingt, im Nachhinein, wie der Libretto-Entwurf für ein Musical über die Halbwelt, in dem auch Wirtschaftskapitäne eine Rolle spielen. Als Schleyers Frau Waltrude nach zwei Jahren erstmals jene Wohnung sah, sei sie »entsetzt« gewesen: »Das ist ja scheußlich, geschmacklos.« Die anrüchigen Kneipen, der Straßenstrich, die zwielichtige Atmosphäre.

Waltrude Schleyer organisierte eine Wohnung im gediegenen Viertel Braunsfeld und suchte die Möbel aus. Raschdorffstraße 10, das war die neue Adresse. Braunsfelder nennen die Gegend am Rande des Stadtwalds Architektenviertel. Fast alle Straßen dort tragen die Namen bekannter Baumeister des 19. Jahrhunderts. Julius Raschdorff war einer der Lieblingsarchitekten des Kaisers gewesen, Friedrich Schmidt Dombaumeister in Wien und Vincenz Statz Mitglied des Royal Institute of British Architects und Schmidts Kollege in Linz an der Donau. In Preußen baute Statz 136 Kirchen, die bekannteste in Köln ist St. Mauritius.

Seit Anfang 1976 bereits gab es in Industriekreisen erste Überlegungen, den BDA und den Bundesverband der Deutschen Industrie (BDI) von einem gemeinsamen Präsidenten führen zu lassen – um »angesichts schwerwiegender Veränderungen der politischen und wirtschaftlichen Landschaft [...] ökonomisch noch rationeller [...] und effizienter handeln« zu können. Schleyer war Kandidat Nummer eins. Am 1. Januar 1977 trat er das Doppelamt an.

WAS BEDEUTET »H. M.«?

Im Spätsommer 1976 kehrten die Terror-Trainees aus Aden zurück, gut gebräunt, gut ausgebildet, vor allem: entschlossen. Entschlossen, die seit Langem vereinbarten »Aktionen« zu organisieren und durchzuziehen.

Und dann ein Rückschlag. 30. November 1976, gegen 11 Uhr, auf der A5 nahe Butzbach, bei Kilometer 444. Polizisten stoppen einen Opel Admiral, der ihnen verdächtig vorkommt. An Bord zwei Männer, schwer bewaffnet: Siegfried Haag, der Ex-Anwalt von Baader, der Reorganisator der RAF, und sein Adlatus Roland Mayer. Beide lassen sich widerstandslos festnehmen. Als Baader später erfährt, Haag habe nicht versucht, sich freizuschießen, hat er nur noch Verachtung übrig für diesen »Oberbullen«. Dem fehle »einfach die Härte«.

Im Auto finden die Polizisten fast 190 Schuss Munition, geraubtes Geld, gefälschte Papiere und über 130 Blätter mit handschriftlichen Notizen samt einem »Arbeitsplan«, in dem festgeschrieben ist, wer an welchem Tag was zu tun hat. Und eine Liste mit zwölf Vornamen: Anton, Bodo, Ede, Egon, Hans, Inge, Käthe, Karl, Michael, Olga, Paula und Tim. BKA-Experten gelingt es, drei dieser Decknamen zu entschlüsseln. Michael ist Mayer, Inge ist Peter-Jürgen Boocks Ex-Frau Waltraud – und Egon der in Ungnade gefallene Haag. Ansonsten: Fehlanzeige.

Und die Beamten entdecken einen Zettel mit jenen Codes, die Baader und Haag vereinbart hatten. Was »Big Raushole« zu bedeuten hat, liegt auf der Hand. Es ist der Code für die Freipressung der Stammheimer Häftlinge. »Big Money« steht wohl für den Plan, mit Lösegeld – oder durch Banküberfälle – die Kriegskasse aufzufüllen. Zwei der Chiffren indes bleiben rätselhaft: »H. M. auschecken« und

»Margarine«. Einen Mann wie den Computer-Troubadour Horst Herold, »ohne Zweifel der ingeniöseste und intelligenteste Kriminologe seiner Zeit« (Historikerin Dorothea Hauser), muss dies umgetrieben haben.

Mittlerweile hatten die Terroristen begonnen, eine Logistik aufzubauen: konspirative Wohnungen, eine Fälscherwerkstatt, Erddepots, in denen Waffen, Geld und Ausweise gebunkert wurden. Die BKA-Oberen waren ahnungslos, und sie erfuhren auch nichts von einem Treffen der Illegalen im niederländischen Katwijk aan Zee. In einem Ferienhaus wurde diskutiert, wie zügig denn mit der »Offensive 77« begonnen werden sollte. Es gab Bremser, doch diejenigen, die für schnelles Handeln waren, setzten sich durch. Zweites Thema war, nach Haags Ausfall, die Cheffrage. Offenbar entschied die Runde, es doch »im Kollektiv« zu versuchen.

Dies war keineswegs im Sinne von Baader und Ensslin. Sie ernannten kurzerhand eine neue oberste Kraft – Brigitte Mohnhaupt. Die ehemalige Studentin der Publizistik hatte mehrere Monate ihrer knapp fünfjährigen, wegen terroristischer Umtriebe verhängten Freiheitsstrafe in Stammheim abgesessen, Zelle 719, Ulrike Meinhofs Todeszelle. Dann wurde sie ins badische Bühl verlegt und am 8. Februar 1977 entlassen – und übernahm als »Generalbevollmächtigte« (RAF-Chronist Butz Peters) direkt die Führung. An ihre Seite holte sie sich Boock, als Liebhaber, aber auch als Experten für Technik und Waffen. Beide kannten Baader und Ensslin persönlich, deshalb wohl galten sie bei den anderen als Autoritäten. Mohnhaupt und Boock, das war die neue Doppelspitze.

Die erste Order an die da draußen lautete: »Der General muss weg!« Der General, das war Siegfried Buback, 57 Jahre alt, Deutschlands höchster Ankläger, die offizielle Amtsbezeichnung: Generalbundesanwalt beim Bundesgerichtshof. Er sei »direkt verantwortlich« gewesen für die »Ermordung« von Meins, Hausner und Meinhof. Ein Todfeind. Als der Philosoph Jean-Paul Sartre damals den Besuchsantrag für Baader stellte, hatte Buback das zuständige Gericht eindringlich gebeten, dem nicht zuzustimmen. Begründung: »Die zweifellos beabsichtigte publizistische Auswertung« – die prompt folgte – »ist eine Unterstützung einer kriminellen Vereinigung.«

Gründonnerstag, 7. April, Karlsruhe. Der Generalbundesanwalt wird zum Dienst chauffiert. Kurz nach 9 Uhr hält sein – nicht gepanzerter – Mercedes an einer roten Ampel. Als er wieder anfährt, kommt von rechts ein Motorrad, Typ Suzuki GS 750. Die Person in Lederkluft auf dem Soziussitz feuert mindestens 15 Schüsse ab. Buback und sein 30 Jahre alter Fahrer Wolfgang Göbel sterben noch am Tatort, der beide begleitende Justizhauptwachtmeister Georg Wurster, 33, erliegt sechs Tage danach seinen schweren Verletzungen. Am offenen Grab gibt Herold seinem Freund ein Versprechen ab: »Ich bringe sie dir alle.«

Siegfried Buback, Initialen: SB. Das Kürzel für eine bekannte, viel gekaufte Margarine – der Code in den Haag-Papieren. Der Anschlag in Karlsruhe also ist Auftakt der »Offensive 77«. Wie es weitergeht, darüber können die BKA-Spezialisten nur spekulieren. »Big Money« ist, nach mehreren Bankrauben, wohl abgehakt.

Fehlt noch: »Big Raushole«. Und die Entschlüsselung von »H. M.«.

Drei Wochen später endete der »Stammheim-Prozess« gegen Baader, Raspe und Ensslin, nach knapp zwei Jahren und über 190 Verhandlungstagen. Das Urteil im »Namen des Volkes«: lebenslange Haft für alle drei.

*

Das nächste Opfer: Jürgen Ponto, 53. Der Neffe des Schauspielers Erich Ponto (*Die Feuerzangenbowle, Der dritte Mann*) war der sehr erfolgreiche Vorstandssprecher der Dresdner Bank, hervorragend vernetzt in Industrie und Wirtschaft. Gut bekannt mit Kanzler Schmidt und anderen Spitzenpolitikern; es gab die Überlegung, ihn zum Bundesfinanzminister zu machen. Zu Pontos Freunden zählte schon seit Studienzeiten der Hamburger Anwalt Hans-Christian Albrecht, ein ausgewiesener Experte für See- und Schifffahrtsrecht, Mitglied der CDU und ehedem Abgeordneter in der Hamburger Bürgerschaft, ein großbürgerlicher Hanseat. Ponto war der Patenonkel von Albrechts Tochter Julia, Pontos Tochter Corinna das Patenkind Albrechts.

Julias ältere Schwester Susanne wollte dieser *upper class* nie angehören. Die Pädagogikstudentin hatte die »ewige Kaviarfresserei satt«, half in sozialen Brennpunkten, betreute milieugeschädigte Kinder und freundete sich mit Hausbesetzern an. So lernte sie 1973 Karl-Heinz Dellwo kennen, einen der späteren Stockholm-Attentäter. Mit ihm war sie eine Zeit lang liiert. Nach der Räumung eines okkupierten Hauses nahm die Polizei die Besetzer fest, darunter auch Susanne Albrecht. Was dann geschah, sei für sie ein »totaler Schock« gewesen. Ihre Hände habe man »am Rücken [...] mit in die Haut einschneidenden Fesseln gefesselt«, dann »wurden wir erkennungsdienstlich behandelt [...]. Niemals hätte ich gedacht, daß die Polizei gegen friedliche Menschen so brutal vorgehen würde.«

Fortan engagierte sie sich im Anti-Folter-Komitee, arbeitete für linke Anwälte – und verstrickte sich immer tiefer. Sie klaute Führerscheine und Ausweise, die wichtig waren für die Tarnung untergetauchter Militanter, dann wurde sie erwischt beim Versuch, fünf Sprengzünder aus den Niederlanden zu schmuggeln. Als sie das Bild des toten, ausgemergelten RAF-Mannes Meins sah, habe sie »Hass« und eine »ohnmächtige Wut« ergriffen. Hass auf den Staat, Wut auf den Staat. Den Kontakt zu ihren Eltern brach sie nicht ganz ab. Und musste sich deshalb den Vorwurf anhören, ein »bürgerliches Schwein« zu sein.

Ponto war seit Aden ganz oben auf der Liste. Offenbar gab es den Plan, eine Art Doppelschlag durchzuführen. Wenn denn für die »Big Raushole« eine Geisel zu wenig sei, dann gleich die zweite hinterher – Schleyer nämlich. Diesem Druck würde die Bundesregierung, so das Kalkül, nicht standhalten können.

Im südhessischen Städtchen Hattersheim, in 30 Autominuten von Oberursel aus erreichbar, war offenbar bereits seit Mai 1977 für Ponto ein Versteck, »Volksgefängnis« genannt, eingerichtet. Drei Zimmer in einer Wohnanlage am Südring mit Tiefgarage und Aufzug, achte Etage. Im Wohnzimmer ein zwei Meter hoher Schrank, neben diesem lagen Matten aus Schaumstoff. Vor den Fenstern hingen Gardinen, die kein Licht durchließen. Die Autobahn: ein paar hundert Meter entfernt. Hochhaus, Tiefgarage, Autobahnnähe – das logistische Grundmuster.

Angepeilte Tatzeit: der Spätsommer. Doch dann ging alles viel schneller.

Eher zufällig erfuhren im Juni RAF-Spitzenleute, dass die »Susi« erst kürzlich »Onkel Jürgen« besucht hatte – auf der Rückreise von Basel nach Hamburg. So wurde die Mitläuferin bei der Planung zur wichtigsten Person. Wenn sie mitmachte, gewissermaßen als Türöffnerin, dann dürfte das Risiko nicht allzu groß sein. Susanne Albrecht sträubte sich, wehrte sich, aber der Druck auf die labile junge Frau war gewaltig. Es sei, sagt Boock, fast »Gehirnwäsche« gewesen. Wenn sie sich weigerte, »dann sterben noch mehr Gefangene«.

30. Juli 1977, ein Samstag. Oberursel bei Frankfurt, das gediegene Anwesen der Pontos. Drei manierlich aussehende junge Leute stehen davor. »Hier ist Susanne«, meldet Albrecht sich an der Gegensprechanlage. Mit dabei sind Brigitte Mohnhaupt und der frühere Geschichtsstudent Christian Klar, seit einem knappen Jahr Illegaler. Im VW-Bulli, mit dem Ponto weggeschafft werden soll, sitzt Boock am Steuer.

Ponto selbst öffnet die Tür und führt die drei Terroristen ins Esszimmer. Klar zieht seine Waffe. Und befiehlt Ponto: »Mitkommen!« Der hebt die Hände, sagt: »Sie sind wohl wahnsinnig geworden!« Er packt sich Klar, drückt dessen rechten Arm nach oben weg. Der schießt, und fünfmal feuert Brigitte Mohnhaupt. Zwei Kugeln in den Kopf sind tödlich.

Der Mord an Ponto war aus Sicht der Stammheimer ein wirkliches Fiasko, eine erbärmliche Niederlage. Genau wie wenige Wochen später der fehlgeschlagene Angriff auf die Karlsruher Bundesanwaltschaft.[7] Die Häftlinge hätten die »Dilettanten« verhöhnt, weil sie »nicht einmal« in der Lage gewesen seien, »einen schutzlosen Mann« zu entführen, schreibt Willi Winkler in seiner *Geschichte der RAF*.

Im Bekennerschreiben findet sich statt einer üblichen dezidierten Aussage nur unsinniges Wortgeschwurbel: »Zu Ponto und den Schüssen [...] sagen wir, dass uns nicht klar genug war, dass diese Typen, die in der Dritten Welt Kriege auslösen und Völker ausrotten, vor der Gewalt, wenn sie ihnen im eigenen Haus gegenübertritt, fassungslos stehen.«

»Big Raushole«, Teil eins: gescheitert. Teil zwei musste klappen.

[7] Boock hatte eine Art Raketenwerfer konstruiert, aus dem gleichzeitig 42 Geschosse hätten verfeuert werden können. Offenbar vergaß er, den Wecker für den Zündmechanismus aufzuziehen. Standort der Apparatur war eine Wohnung in direkter Nähe des Amtsgebäudes. Die Mieter, ein Ehepaar im gesetzten Alter, waren überwältigt und gefesselt worden, konnten sich nach einiger Zeit aber selbst befreien. Der »Raketenwerfer« ist heute ein Exponat im Bonner Haus der Geschichte.

DIE AKTION »SPINDY«

Knapp zwei Wochen zuvor, der 17. Juli, ein Sonntag. Erftstadt, Ortsteil Liblar. Ein Büro der Firma VHG, das in zwei Hochhäusern Wohnungen vermakelt. Gerade sind in einem Anzeigenblatt, dem *Brühler Schlossboten*, mehrere offeriert worden. Um die Mittagszeit taucht bei der Maklerin *Ingrid Kuschelmann* eine junge Frau auf, dunkelbraunes Haar, dezent gekleidet – auffällig ist, dass sie trotz der Wärme ein Kopftuch trägt. Und auffällig sind zwei kleine, aber deutlich sichtbare Warzen über dem linken Mundwinkel. Es ist, wie sich später herausstellt, die 23-jährige Terroristin Monika Helbing, erst seit ein paar Wochen Mitglied der RAF.

Sie sei Schneiderin und suche eine helle Wohnung, sagt sie. Ihr Hochdeutsch hat einen leichten Einschlag, schwäbisch vielleicht. Dann fragt sie, ob es »günstige Busverbindungen« nach Köln gebe. Eine der inserierten Wohnungen im Hochhaus gleich gegenüber dem VHG-Büro, Zum Renngraben 8, interessiert die junge Frau besonders. Dort, wo bis zum Februar 1976 die Stasi-Spione Elke und Manfred Hier lebten, fünf Etagen höher.

Die Eckwohnung Nummer 104, dritte Etage links, steht seit Monaten leer. Unter dem schmucklosen, anonymen Gebäudekasten liegt eine große, mehrgeschossige Tiefgarage. Zur Autobahn 61 – Richtung Norden führt diese in die Niederlande, Richtung Süden nach Koblenz und ins Badische – sind es anderthalb Kilometer.

Binnen Kurzem werden beide Frauen handelseinig. Nach einer halben Stunde füllt die künftige Bewohnerin die übliche Selbstauskunft aus und unterschreibt zügig mit »A. Bücklers«. Die fällige Kaution von 800 Mark will sie an Ort und Stelle leisten. Sie greift in ihre Handtasche und zieht ein Bündel Geldscheine heraus. Die Maklerin winkt ab. Das müsse in der Zentrale am Kölner Hohenstaufenring geregelt werden.

Am nächsten Tag liefert die neue Mieterin die Kaution dort ab. Über deren Höhe wird nicht, wie so oft, gefeilscht. Der Geschäftsführer vergleicht, pflichtgemäß, die Daten der Selbstauskunft mit denen des Personalausweises. Sie stimmen überein. In beiden Papieren steht: Annerose Lottmann-Bücklers, wohnhaft in Wuppertal, Bismarckstraße 8.

Auf den Schildchen, die am Briefkasten und am Klingelknopf kleben, hat der Hausmeister den Namen falsch geschrieben – »Bückelers«. Das ist der Mieterin egal. Nach einem Keller fragt sie erst gar nicht. Aber sie möchte, und zwar sofort, dass ein neues Türschloss mit Profilzylinder angebracht wird. Der Hausmeister tut ihr den Gefallen. Fortan passt sein Generalschlüssel nicht mehr ins Schloss der Wohnung 104.

In den kommenden Wochen wird sie eingerichtet. Die größten Posten: eine Schrankwand, Kühlschrank, Elektroherd, Farbfernseher, ein komplettes Schlafzimmer – mit knapp 2000 D-Mark die teuerste Investition. Vor der Tür liegt bald schon ein Fußabtreter. Dunkelbraun, mit einem Hirsch drauf. Das ist, wieder mal, Symbolik pur. Hirsch heißt der nordrhein-westfälische Innenminister, Burkhard Hirsch, ein Freidemokrat. Zu dieser Zeit ist er Vorsitzender der Innenministerkonferenz.

Vier Wohnungen werden bis in den August hinein im Kölner Raum angemietet. Anfang Mai schon ein Appartement in Meschenich – das erste Hauptquartier. Dann, nach Liblar, eines im Junkersdorfer Hochhauskomplex am Wiener Weg. Schließlich, am 10. August, die Wohnung 2601 im Uni-Center an der Luxemburger Straße. Sie sei, sagt der Ex-Oberstaatsanwalt beim Bundesgerichtshof Klaus Pflieger, der »zentrale Treffpunkt für die Vorbereitung« des Anschlags gewesen – RAF-interner Code: »Spindy«. Diese Wortschöpfung rührt nicht von »Spind« her, sondern ist die anglisierte Verniedlichung von Spindel. Ein Joke, weil dieser Schleyer in seiner massigen Körperlichkeit eben nicht spindeldürr ist.

Fünf Autos werden gekauft oder gestohlen. Ein blauer Alfa Romeo Giulia 1600 Super, zwei VW-Bullis, ein gelber Mercedes 300 D und ein grauer Mercedes 230.

Der Terrortrupp besteht zu diesem Zeitpunkt aus 20 Frauen und Männern, die Führungscrew aus sieben Personen. Eine Fraktion kümmert sich um die Technik einschließlich der Waffen, die aus verschiedenen Erddepots geholt wurden. Eine andere soll Schleyer nach seiner Entführung befragen – und wird deshalb mit entsprechendem Hintergrundwissen ausgestattet. Der Auftrag an die dritte heißt: Schleyers Fahrtrouten auskundschaften.

*

Nach dem Mord an Jürgen Ponto wurden sofort Namen und Fotos aller Verdächtigen veröffentlicht. Bei der Kripo in Hamburg meldete sich am 1. August eine Angestellte des dortigen Welt-Wirtschafts-Archivs. Einen der Männer habe sie wiedererkannt, sagt sie. Der habe erklärt, an einer Doktorarbeit über führende Köpfe der bundesdeutschen Wirtschaft zu schreiben – und aus zwei Beständen Aktenstücke kopiert: jene von Ponto und Schleyer.

Beim ersten Besuch Ende April hatte sich der Rechercheur »Fehr« genannt, beim zweiten und dritten, am 6. und 7. Juli, »Fall«, wohnhaft in Hamburg 63, Beisserstraße 61. In seiner Begleitung war nun ein junger Mann namens »Müller«.

Ganz schnell war klar: Diese Adresse gab es nicht, die Beisserstraße endet mit der Hausnummer 55. Und jenen »Fehr« alias »Fall« identifizierte die Angestellte anhand der Fahndungsbilder als Willy-Peter Stoll, den *charming boy* der RAF, den seine Komplizen nur »Marlon« nannten.

Lange hatten die BKA-Spezialisten gerätselt, was denn die in den Haag-Papieren notierte Chiffre »H. M.« bedeuten könnte. »Alle Kompendien wurden kreuz und quer ausgewertet, analysiert, interpretiert«, so Herolds rechte Hand Wolfgang Steinke. »Wir kamen nicht so recht weiter.« Jetzt, nach diesem Hinweis aus Hamburg, waren sie sicher: H. M., das war Hanns Martin Schleyer. Der Daimler-Vorstand, der in politischen Großzirkeln verankerte Doppelpräsident.

Seit April 1975 war Schleyer, wie etliche andere Manager auch, von der Polizei in die Sicherheitskategorie 3 eingestuft worden: »Gefährdung nicht auszuschließen.« Für ihn galt, sowohl daheim in Stuttgart als auch in Köln, eine Schutzmaßnahme gemäß Stufe 6: »Bestreifung der Wohnobjekte zu unregelmäßigen Zeiten im Rahmen des Streifendienstes.«

Ab dem 2. August, Punkt 11.50 Uhr, galt Stufe 1: »[...] erheblich gefährdet, mit einem Anschlag ist zu rechnen.« Heißt: »ständiger Personen- und Objektschutz«. Am selben Tag, gut zwei Stunden zuvor, hatte ein Mann in der BDA-Zentrale angerufen, neun Sekunden, zu kurz, um das Telefonat aufzuzeichnen. Angeblich soll er gesagt haben: »Schleyer ist der Nächste.«

Ein BDA-Oberer informierte umgehend die Kölner Kripo. Mit Fernschreiben 99 setzte sie die Nachricht ans BKA, Abteilung Terrorismus, ab. Die hatte ihren Sitz im Bonner Stadtteil Bad Godesberg und wurde, seit 1975, von Gerhard Boeden geleitet, einem Karrierepolizisten mit guten Verbindungen zur Springer-Presse.

Am 4. August meldete die *Bild* auf Seite eins, Schleyer solle »offenbar das nächste Opfer der BM-Terroristen werden«, er sei vom BKA »sofort gewarnt« worden. Dass die Warnung vom BKA stammte, ist falsch. Richtig ist, dass zwei Beamte der für Schleyer zuständigen Landespolizeidirektion Stuttgart II unmittelbar nach dem Hamburger Hinweis mit einem Hubschrauber nach Meersburg flogen, dem Urlaubsort der Familie. Und dort vor Ort, noch am 2. August, mit ihm die notwendigen Sicherheitsmaßnahmen besprachen.

Drei Kommandos wurden zusammengestellt. Für Meersburg, für Stuttgart, für Köln. Alle Beamten waren in nur siebentägigen Schnellverfahren ausgebildet worden, im Kölner Team war Reinhold Brändle mit 41 Jahren der Älteste, Roland Pieler mit 20 Jahren der Jüngste. Helmut Ulmer war 24. Schleyer habe zu ihnen gleich einen »guten, väterlichen Kontakt« gehabt, erinnert sich eine damalige Mitarbeiterin. »Die gingen für ihn durchs Feuer.« Während der Woche lebten die Beamten mit ihm in der Raschdorffstraße 10 unter einem Dach.

Der sonst so lebenslustige Schleyer wirkte ernst in diesen Tagen, sehr ernst. Als der Ex-CDU-Generalsekretär Kurt Biedenkopf seinen Freund »Ham«, wie er ihn nannte, in Meersburg besuchte, soll Schleyer gesagt haben: »Ich bin wohl der Nächste ...« Der Nächste. So hatte es der unbekannte Anrufer am Telefon angekündigt. So stand es in der *Bild*. Wenig später, bei einem Essen mit Helmut Kohl im Bonner Restaurant Roma, war die bedrohliche Lage Hauptthema. In Kohls Erinnerungen heißt es: »Wir stimmten in einem wesentlichen Punkt überein, nämlich dass der Staat sich niemals mehr erpressen lassen dürfe«, und beide hätten für sich »persönlich« ausgeschlossen, »im Falle einer Entführung gegen Terroristen ausgetauscht zu werden«.

Am letzten August-Wochenende heiratete Schleyers Sohn Arnd, die Feier fand in einem Stuttgarter Traditionslokal statt. Als die Rechnung kam, zückte der Vater seine Brieftasche – heraus fiel ein zweiseitiges Papier. Nicht ganz sauber geschrieben auf einer offenbar alten Schreibmaschine, vielleicht von Schleyer selbst.

Es war sein Testament.

DER LETZTE KASSIBER

Der Anschlag war, was die Logistik angeht, gut vorbereitet. Eine wichtige Information jedoch mussten die Terroristen noch beschaffen: Schleyers Kölner Privatadresse. Die Technik, die sie anwendeten, war die gleiche, wie sie Privatdetektive oder auch Verfassungsschützer und Fahnder nutzen: Observation. Ausgangspunkte waren die am Rhein gelegenen Zentralen von BDA und BDI, Oberländer Ufer 72 und 84.

Für den Weg nach Hause, in die Raschdorffstraße, waren mit der Polizei drei Routen vereinbart worden. Mal über die Autobahn, also westlich um die Stadt herum, mal über die Militärringstraße, parallel zur Autobahn. Oder quer durch den Südwesten Kölns bis in die Friedrich-Schmidt-Straße. Die Raschdorffstraße ist eine Einbahnstraße, deshalb musste ein Rechteck gefahren werden: stadtauswärts vorbei an der Raschdorffstraße bis zur Vincenz-Statz-Straße, dort rechts rein, durch zur Aachener Straße, auf ihr kurz stadteinwärts, dann wieder rechts. 800 Meter Umweg.

Die Checks, wie solche Aktionen RAF-intern genannt wurden, begannen etwa Mitte August. Mit Ferngläsern beobachteten Monika Helbing, Adelheid Schulz und Stoll vom rechten Rheinufer aus die gut einsehbaren Auffahrten beider Gebäude, auf Fahrrädern und zu Fuß erkundeten sie Etappe für Etappe der gängigen Routen. Und weil an deren Ende Tennisplätze lagen, tarnten sich die beiden Frauen auch als Spielerinnen: mit weißem Shirt, weißen Socken und weißem Röckchen.

Bald schon kannten die Terroristen Schleyers Adresse. Und die wechselnden Kennzeichen des dunkelblauen Dienst-Mercedes 480 SEL. Und sie wussten, dass diesem Wagen stets ein zweiter hinterherfuhr.

Manchmal gingen sie bei den Observationen aufreizend lässig vor, fast schon dreist. So beobachtete der Arzt *Wolfgang Schalheim*, der in der Friedrich-Schmidt-Straße wohnte, mehrere Male einen gelben Mercedes, der mit laufendem Motor in der Nähe von Schleyers Wohnung stand. Seit geraumer Zeit schon ärgerte sich der Mediziner über vermeintlich zivile Polizeifahrzeuge, aus denen heraus, so glaubte er, Geschwindigkeitskontrollen stattfänden.

Am 2. September, ein Freitag, steht dieser Mercedes wieder da, zwischen 8.30 und 9 Uhr, direkt vor seinem Haus. *Schalheim* fragt den Fahrer: »Polizei?« – »Ja!« Und als der Arzt sich erbost »über den großen Aufwand [...] (Verkehrsüberwachung mit Mercedes-PKW)« und »laut und vernehmbar schimpfte«, wie es in einem Kripo-Vermerk heißt, antwortet der Mann am Steuer kühl: »Wir müssen für Ordnung sorgen.«

Es ist Willy-Peter Stoll.

Immer noch der Freitag, gegen 17.30 Uhr. Dem Kaufmann *Udo Gärtner* kommt ein dunkelblauer Alfa Romeo verdächtig vor, der schon seit über einer Stunde im Stadtteil Zollstock auf dem Raderthalgürtel parkt, in Richtung Rhein. Bereits tags zuvor war ihm dieser Wagen aufgefallen, fast an gleicher Stelle.

Zwei junge Frauen sitzen erst Minuten im Auto, dann steigen sie aus – es scheint, als beobachteten sie den Verkehr. Eine der beiden öffnet die Motorhaube und hantiert mit einem Schraubenzieher. *Gärtner* denkt: Ganz schön emanzipiert. Und sagt sich: Auch ziemlich verdächtig.

Seit dem Mord an Bankchef Ponto vor gut einem Monat stehen diese beiden Frauen auf der Fahndungsliste ganz oben: Brigitte Mohnhaupt, die RAF-Kommandantin, und ihre Helferin Adelheid Schulz.

Der Kaufmann wählt den Notruf, 110. Fragt: »Wer ist für Terrorismusbekämpfung zuständig?« Auf den Weg geschickt wird Streifenwagen »Arnold 12/20«, besetzt mit zwei jungen, unerfahrenen Polizisten. Die Einsatzorder der Zentrale lautet: »Verdächtige Personen am Kfz,

Raderthalgürtel, gegenüber Schwimmbad.« Nur: Es fehlt die Information, warum dem Anrufer die Frauen verdächtig erschienen sind.

Der Streifenführer verlangt Führerschein, Fahrzeugschein und die Personalausweise, die Daten stimmen überein. Und gibt das Kennzeichen an die Leitstelle durch – Antwort: »Negativ.« Kein Wunder, denn das Auto ist ein sogenanntes Doublettenfahrzeug. Das Nummernschild ist die gefälschte Version eines Kennzeichens, das zu einem ordnungsgemäß zugelassenen Alfa Romeo gleichen Typs und gleichen Aussehens gehört.

Ein Dreh, der freilich blitzschnell zu entlarven wäre – wenn die im Kfz-Schein notierte Fahrgestellnummer mit der im Motorraum angebrachten verglichen würde. Oder wenn bei der Überprüfung des Kennzeichens gleich nach dem Halter gefragt würde. Beides geschieht nicht, und just in der Sekunde, als auch die Personalien der Frauen durchgegeben werden sollen, streikt im Präsidium die Technik.

Die Groteske vom 2. September, eigentlich eine Tragödie klassischen Ausmaßes, hat einen zweiten Akt. Am Motorblock leckt der Heizungsschlauch. Es ist ein manipulierter Defekt, um so die lange Standzeit zu kaschieren. Als sich die Polizisten das vermeintliche Malheur betrachten, rollt in der Nähe eine schwere Mercedes-Limousine heran. An Bord vier Top-Leute der RAF: Peter-Jürgen Boock, Rolf Heißler, Rolf Clemens Wagner, Stefan Wisniewski.

Wisniewski steigt aus, gesellt sich dazu, mimt den Neugierigen. Und erfährt, dass die Polizei – »Dein Freund und Helfer« – die Frauen zu einer kleinen Werkstatt um die Ecke lotsen will. Der Mercedes folgt beiden Fahrzeugen mit etwas Abstand bis zum Gelände. »Unsere Maschinenpistolen«, sagt Boock, »waren schussbereit, mein Puls raste.« Bis heute begreife er »nicht, dass die Bullen nichts schnallten. Eigentlich hätte dem Dümmsten auffallen müssen, dass hier irgendwas abgeht.« Die »halbe Gruppe« hätte »abgeräumt werden können« – und damit die Führungsspitze.

Nichts passiert. Quasi unter Polizeiaufsicht ersetzt ein Mechaniker den Heizungsschlauch und sichert ihn provisorisch. Damit die Damen den Wagen zumindest nach Hause chauffieren können. Es ist nicht weit, sagen sie, ein paar Kilometer nur.

An diesem Freitag ist Schleyers Fahrweg zum letzten Mal ausgespäht worden. An diesem Freitag beenden Baader und die anderen plötzlich, nach 25 Tagen, einen neuerlichen Hungerstreik. Es ist der fünfte seit Anfang 1973.

Das muss ein Zeichen sein. Es ist ein Zeichen.

Seit Tagen schon ist der Druck auf die Komplizen draußen hoch – einen solchen Druck haben sie bislang noch nie verspürt. Ein Kassiber ist angekommen, böser Text, böses Ultimatum. »Guerilla«, heißt es in dem Stückchen Papier, definiere sich »immer über die Qualität des Angriffs«; Qualität bedeutet in diesem Fall: mehr Gewalt, größere Brutalität.

Und die Häftlinge drohen denen, »die sich RAF nennen«, mit einer besonderen Form des Liebesentzugs, wenn ihnen zum »Begriff Offensive« nicht bald etwas anderes einfalle »als Ausflüchte«. Pontos Entführung: gescheitert. Die Stalinorgel-Attacke in Karlsruhe: gescheitert. »Von euch wollen wir nur eines lesen: die Kommandoerklärung zu Spindy.« Erst dann dürften sie wieder die »drei Buchstaben« verwenden: RAF. 14 Tage hätten sie noch Zeit, ansonsten nähmen sie ihr »Schicksal [...] selbst in die Hand«.

Eine verklausulierte Formel, die jeder versteht: Selbstmord.

Und jeder versteht, dass es nun ganz schnell gehen muss.

Erst jetzt wird die Erklärung der RAF zum fehlgeschlagenen Karlsruher Anschlag, im Polizeijargon heißen solche Papiere »Tatbekenntnis« oder »Selbstbezichtigungsschreiben«, auf den Postweg gebracht. Bemerkenswert ist, dass sie zum ersten Mal seit Langem wieder eine politische Fundierung hat – auch das muss ein Zeichen sein.

Der Bonner Staat, heißt es in dem Schreiben, sei »nicht faschistoid« oder »von faschistischen Tendenzen bedroht«, sondern bereits »mitten in der Transformation zu einem neuen Faschismus«. Und der unterscheide sich von der Hitler-Diktatur nur dadurch, dass er »amerikanische und deutsche Monopole repräsentiert und damit aggressiver, mächtiger und subtiler auftreten kann als der Kapitalismus in Deutschland während der barbarischen nationalen Geschichte«.

Das bedeutet, übertragen: Die Bundesrepublik ist auf dem Weg in einen Faschismus, der noch schlimmer sei als jener der Nazi-Zeit. Angekündigt wird den »verfetteten Eliten« eine Aktion ganz besonderer Art: »Worüber sie nicht lange lachen werden, sind wir [...].«

Wir – das sind diejenigen, die nicht den Status verlieren wollen, Kämpferinnen und Kämpfer der RAF zu sein.

*

Samstag, der 3. September. Schleyer ist daheim in Stuttgart. Am späten Nachmittag ruft Kanzler Schmidt an. Es geht um wirtschaftspolitische Themen, die Mitbestimmung – aber auch um eine andere, besonders drängende Frage. Zwei Wochen zuvor hatten Schleyer und der Deutsche-Bank-Vorstandsvorsitzende Friedrich Wilhelm Christians ihm bei einem Besuch in seinem Ferienhaus am ostholsteinischen Brahmsee berichtet, Kollegen aus Industrie und Wirtschaft seien »tief besorgt« über mangelhafte Sicherheitskonzepte. Schmidt fragt Schleyer, ob er sich denn persönlich sicher fühle. Die Antwort ist nicht überliefert.

Ein Garten in Stuttgart-Münster. Schleyers Personenschützer aus allen drei Kommandos treffen sich zum Grillfest. Helmut Ulmer, ein Kerl wie ein Baum, knappe zwei Zentner, verteilt auf 1,90 Meter, macht eine Erkältung zu schaffen, für die Krankschreibung reicht es aber nicht. Die Woche, die vor ihm liegt, soll die letzte sein im Schleyer-Team. Ihn treibt tiefe Sorge um. Der Einzige, dem er sich anvertraut, ist sein Schwager. Und der berichtete später dem *Spiegel*-Reporter Jürgen Dahlkamp, was Ulmer ihm ein paar Tage zuvor gesagt hatte: »In Köln hocken sie, ich muss mit dem Schlimmsten rechnen.«

Reinhold Brändle ist geschieden und Vater eines 12-jährigen Sohnes. Beabsichtigt war, dass er in Köln eine Art Außenposten aufbauen sollte, zehn, zwölf Mann. Damit keiner mehr montags frühmorgens in Stuttgart losfahren muss, um unter der Woche Schleyer in Köln beschützen zu können. Roland Pieler, den Jüngsten, hat er natürlich auf seinem Zettel. Der kann hervorragend schießen.

Eigentlich ist Brändle für die anstehende Woche nicht eingeplant im Bewachungskommando. Aber er muss einen Kollegen ersetzen, der am kommenden Montag an einer Besprechung im spanischen Generalkonsulat teilnehmen soll, Thema: Sicherung vor Anschlägen. Jetzt macht er den Salat fertig, eine Kochschürze vor dem Bauch. Und freut sich wie die anderen auch, dass ein ganz hoher Besucher gekommen ist – Hans Filbinger, Baden-Württembergs Ministerpräsident. Der kehrt nicht den Landeschef heraus, sondern gibt sich völlig normal. Redet mit allen, lacht, trinkt Wein, spielt Federball mit den Kindern. Ein außergewöhnlicher Nachmittag für die Polizisten. Schade nur, dass der VfB Stuttgart, gerade erst wieder aufgestiegen in die 1. Bundesliga, mit 4:1 verloren hat.

Noch zwei Tage bis zum Showdown. 48 Stunden.

Sonntag, 4. September. Am Abend meldet sich Schleyer bei seinem Freund Eberhard von Brauchitsch. Er berichtet ihm vom Besuch beim Kanzler am Brahmsee und dem gestrigen Telefonat mit ihm. Angeblich hatte Schmidt gesagt: Das BKA tappe immer noch im Dunkeln, die RAF-Terroristen seien »intelligente Gegner«, keine »gewöhnlichen Verbrecher«. Er solle auf der Hut sein.

Schleyers Haus im Stuttgarter Ginsterweg wird seit Anfang August rund um die Uhr bewacht; wenn es dunkel wird, leuchten Scheinwerfer. Nachbarn hätten sich deswegen schon beschwert, erzählt er von Brauchitsch. »Mir geht es nicht anders«, antwortet der Flick-Mann. »Die Leute machen doch nur ihren Job.« Es soll ein Trost sein.

Geplant ist nun auch, die Fenster durch Panzerglas zu ersetzen. Deshalb wohl gab es Streit zwischen Schleyer und seiner Frau Waltrude.

Vielleicht waren es die letzten Worte, die die beiden wechselten.

*

Wuppertal-Elberfeld, das Restaurant Wienerwald, noch am selben Tag. Boock und Wisniewski treffen sich mit vier Helfern, die aus Stuttgart angereist sind. Sie, die Vasallen der Abgetauchten, ahnen, dass eine große Sache bevorsteht – und fordern eine Aussprache. Sie fühlen sich schlecht informiert.

Einer ist der Schauspieler Christof Wackernagel, der 1967 als 15-Jähriger im preisgekrönten Film *Tätowierung* eine Hauptrolle besetzt hatte. Im August letzten Jahres war er, der »Jungfilmstar« (*Der Spiegel*), Gast beim Sommerfest des Kanzlers gewesen, begleitet von seiner Kollegin Beatrice Richter, die ein hinreißendes »weites schneeweißes Ballkleid« getragen habe. Wackernagel schleppte damals eine hochmoderne Videokamera mit, um »die Mächtigen beim Feiern zu filmen«. Was Schmidt seinen Gästen bot, habe »alles übertroffen, was ich je gesehen habe: Wels aus dem Bodensee, englisch oder medium gegrillte Filets, asiatisches Gemüse, Nudeln mit dreierlei Saucen, Tarte Bourgeoise« – über das »Bourgeoise« habe er einfach hinweggelesen.

An Schmidt, spätestens seit dem RAF-Angriff auf die Stockholmer Botschaft eigentlich einer der bestbewachten Männer der Republik, kam er ganz nah heran, und er filmte den Moment, als Joachim Fuchsberger, die Kino- und TV-Größe, dem Kanzler die Hand schüttelte und beide eine Prise Schnupftabak nahmen. Immer wieder schaute Schmidt auf den Filmenden; Wackernagel dachte: »Mann, ist der kamerageil.«

Die kiloschwere Kamera, in der auch hätte Sprengstoff stecken können, war von keinem Bodyguard überprüft worden. Wackernagels Coup machte bei den RAF-Unterstützern Eindruck.

Ein anderer Mitstreiter, der sich im Wienerwald eingefunden hat, ist der gelernte Grafiker und Anwaltsgehilfe Volker Speitel; ihn nennt Wackernagel »Dr. Wichtig«, weil der immer als Erster gewusst habe, wo Bartel den Most holt. Speitels Stimme hat tatsächlich Gewicht. Er ist Geheimnisträger der besonderen Art – weil er es geschafft hatte, die Handakten von Verteidigern so zu frisieren, dass sie als Waffenversteck dienen konnten. Auf diese Weise war es gelungen, zwei Pistolen und einen Revolver ins Hochsicherheitsgefängnis Stammheim zu schmuggeln. Waffen, die dann auch tatsächlich eingesetzt werden sollten.

Die vier Adjutanten haben, wie telefonisch geordert, einen Arztkoffer mitgebracht, bepackt von einem Heidelberger Mediziner: Pflaster, Verbandszeug, Beruhigungsspritzen, ein Mittel zur Kreislaufstabilisierung. Energisch fordern sie, als neue Mitglieder in den inneren RAF-Zirkel aufgenommen zu werden, haben aber keine Chance. Angeblich erklärt Wisniewski, derzeit sei eine »normale Rekrutierung« nicht möglich, weil die Gruppe auf »eine Eskalation hin«, eine »militärische«, organisiert sei. »Ab morgen« müssten alle mit einer »harten Kiste« rechnen, »härter als das, was bisher gelaufen« sei. Und Boock sagt: »Wenn ich daran denke, geht mir der Arsch auf Grundeis.« Dann folgt die Empfehlung, ab sofort den »Großraum Köln« zu meiden.

Gegen Mitternacht fahren beide zurück nach Köln. Im Appartement am Wiener Weg 1b warten bereits die anderen aus der Kerntruppe: Einsatzbesprechung. Die Wohnung ist leer, jedes Wort hallt, alle reden leise. Eine Funzel spendet nur ganz wenig Licht, auf dem Boden liegt, als Aschenbecher, ein Eimerdeckel. Aus dem Hauptquartier im Uni-Center haben sie Papierbögen mitgebracht und Filzstifte, um das geplante Mordszenario aufzumalen und durchzuspielen, wieder und wieder.

Sie rechnen damit, dass Schleyers Mercedes gepanzert ist, deshalb wurden Spezialgeschosse besorgt. Bleibatzen von fast 15 Gramm, um »notfalls den Motorblock herauszuschießen« (Boock). Deshalb gehört zur Bewaffnung neben zwei Schnellfeuergewehren und einer Maschinenpistole auch eine Repetierflinte (»High Standard«), die diese Munition verfeuern kann. Ein Thema auch: schusssichere Westen.

Klar ist für alle: Schleyer muss überleben. Klar ist: Die Polizisten müssen getötet werden. Bleibt die Frage, was denn mit dem Fahrer geschehen solle. Wisniewski wird später behaupten, alles habe davon abgehangen, »ob der selber anfängt zu schießen«. Boock hingegen meint, Heinz Marcisz sei als bewaffneter Bodyguard angesehen worden, »insofern Soldat«. Insofern: auch ihn töten. »Unter anderen Umständen hätte ich sicherlich gesagt, wieso sollen wir den Fahrer erschießen, was soll das, wir können den Mann doch laufen lassen. Dem gibt man einen Tritt, das war's.«

Einer verweigert sich dieser schrecklichen Debatte über Leben und Tod: Rolf Heißler, eigentlich als Fahrer des VW-Bullis vorgesehen. Er ist raus, Boock ersetzt ihn. Hier, in der Nacht vom 4. auf den 5. September, wird ein Blutbad geplant. Jene »Mitternachtsdiskussion« sei »unsere Wannseekonferenz« gewesen, so Boock – eine »emotionslose, eiskalte Diskussion«.

Das Mord-Kommando der RAF ist installiert: eben Boock, der Techniker der Truppe, der Ex-Fürsorgezögling, den Baader und Ensslin aus dem Heim geholt hatten, seither ist er ein glühender Verehrer der beiden. Der gelernte Steuergehilfe Stoll, der über die »Rote Hilfe« zur RAF gekommen ist – und zwei Monate zuvor brutal einen Waffenhändler überfallen und etliche Schießgeräte erbeutet hatte. Sieglinde Hofmann, die sich radikalisierte beim »Sozialistischen Patientenkollektiv« in Heidelberg. Und der Gelegenheitsarbeiter Wisniewski, der mal sein Arbeitslosengeld überweisen ließ ans »Komitee gegen Folter an politischen Gefangenen in der BRD«. Sein Deckname: »Fury«. Er ist der Befehlsgeber.

Der Ort des Zugriffs wird festgelegt: die Vincenz-Statz-Straße. Dort, wo sie abgeht von der Friedrich-Schmidt-Straße, sollen Boock und Hofmann stehen – und die Ankunft des Konvois signalisieren, indem sie mit einer Zeitung wedeln, der rosafarbenen *Financial Times*. Ihre Waffen werden in einem Kinderwagen versteckt sein. Stoll und Wisniewski werden im gelben Mercedes sitzen, der vom Bürgersteig rückwärts auf die Straße rollen wird: als Rammbock.

Geplanter Sammelpunkt der vier ist das Café Stass an der Aachener Straße 507. Wenn die Wagen mit Schleyer und den Bodyguards den Raderthalgürtel hinunterrollen, sollen die Streckenbeobachter dort anrufen und das vereinbarte Codewort durchgeben: »Mendocino«, der Titel eines Uralt-Songs des Barden Michael Holm.

Gegen 2 Uhr morgens verlassen die Terroristen das Appartement am Wiener Weg. Die letzten Stunden verbringen sie im Hauptquartier. Ein Zurück gibt es nicht mehr. »Big Raushole«, Teil zwei, läuft an: das Unternehmen »Spindy«.

Gut fünf Stunden später startet in Stuttgart ein Daimler-Jet mit Schleyer an Bord Richtung Köln.

»DIE SIND ALLE TOT«

Montag, der 5. September. Um 5.50 Uhr ist über Köln die Sonne aufgegangen. Sie soll sieben Stunden scheinen, immer wieder werden sich Wolken vor sie schieben. Von Süden her weht ein mäßiger Wind, regnen wird es nicht. Der Wetterbericht kündigt an: Höchsttemperatur 22 Grad. Ein durchaus heiterer Tag im Spätsommer.

Schleyers Jet landet kurz nach 8 Uhr auf dem Airport draußen in Wahn. Sein Fahrer Heinz Marcisz steht schon bereit, eigentlich sollte er längst in Urlaub sein. Urlaub in Italien, mit seiner Frau Anni. Sie wollten den 20. Hochzeitstag feiern, daraus ist nichts geworden.

Die Leibwächter haben es pünktlich aus Stuttgart geschafft, trotz zähen Verkehrs auf der Autobahn. Wenn sie die Leitstelle im Kölner Polizeipräsidium anfunken, melden sie sich mit dem Codewort »Uran« an, der Kennung der baden-württembergischen Landespolizeidirektion.

Noch vor der Sekretärin sitzt Schleyer an seinem Schreibtisch, um 9 Uhr ist der erste Termin im »Braunen Saal« – die »Morgenandacht«. So wird die allwöchentliche Konferenz der wissenschaftlichen BDA-Mitarbeiter genannt. Die übliche Besprechung der Hauptabteilungsleiter um 10 Uhr fällt aus. Zwei Gespräche folgen, dann bittet Schleyer die Vorzimmerdame, einen für den Abend in Düsseldorf geplanten Termin abzusagen. Kurz nach 13 Uhr geht er mit BDA-Geschäftsführer Ernst-Gerhard Erdmann in die Kantine. Es gibt Eintopf, wie jeden Montag.

14 Uhr. Im »Blauen Salon« beginnt eine Konferenz von Gesamtmetall, dem Zusammenschluss der Arbeitergeberverbände der Metall- und Elektroindustrie. Schleyer ist der ranghöchste Gast. Zur gleichen Zeit treten in der Polizeistation am Melatener Weg 20 der

22-jährige Beamte Gottfried Plützer und sein Kollege *Eberhard Mayer* ihre Schicht an. Ein Auftrag für heute lautet, im Rahmen von »Wachschutzmaßnahmen« mit ihrem Fahrzeug die Umgebung von Schleyers Wohnung zu »bestreifen«. Heißt: die Augen offen halten. Wie so oft in den letzten Wochen.

Die Kommandozentrale der RAF im Uni-Center, Wohnung 2601. Warten auf den Einsatz. Warten auf den Tod – den Tod von anderen. Boock kocht sich einen starken Kaffee und raucht ein »kleines Röllchen«, Marihuana. Hofmann baut, reflexartig, etliche Male ihre Waffe auseinander und wieder zusammen. Eine Stunde später brechen sie auf, verpacken die Waffen, wie geplant, in einen Kinderwagen und fahren mit dem VW-Bulli Richtung Aachener Straße. Kurz darauf treffen sie Stoll und Wisniewski im Café Stass.

Alle vier haben schusssichere Westen dabei. Jedem ist freigestellt, ob er sie anlegt. Boock trägt sie erst, zieht sie dann auf der Toilette aus – »zu hinderlich«. Er ordert Kakao, auf ein Stück Kuchen verzichtet er. Immer mit leerem Magen in den Kampf, hat er irgendwo gelesen, vermutlich bei Che Guevara. Ein Bauchschuss bei vollem Magen, das ist eine ganz üble Sache.

Die Sitzung von Gesamtmetall ist schneller beendet als geplant. Gegen halb fünf sagt Schleyer zu seiner Sekretärin: »Hier tut sich nichts mehr.« Er fahre jetzt in die Raschdorffstraße und werde sich ein paar Akten anschauen, die wichtig seien für eine Sitzung des BDI in Stockholm, übermorgen. Kurz vor 17 Uhr stellt sie noch ein Gespräch durch zu Bernhard Vogel, dem rheinland-pfälzischen Ministerpräsidenten. Es geht um eine Stiftung, Schleyer bespricht mit ihm kurz ein paar Details.

Es ist das letzte Telefonat, das Schleyer führt.

Auf dem Parkplatz passt ihn der Pressesprecher von Gesamtmetall ab, eine persönliche Sache. Schleyer verspricht, sich für ihn einzusetzen.

Es ist, gewissermaßen, seine letzte Amtshandlung.

Schleyers Fahrer Heinz Marcisz, Vater zweier Kinder, 17 und 14 Jahre alt, mischt sich ein. »Herr Doktor, wir müssen!« Im Auto oder wenn sie an der Theke stehen, duzen sich die beiden – nicht aber in einem solchen Umfeld.

Der Mercedes 280 E mit den Polizisten, Kennzeichen S-CE 2230, fährt in knappem Abstand hinterher. Vorweg, als eine Art Prellbock, wäre sinnvoller gewesen. Brändle, Ulmer und Pieler tragen ihre Pistolen am Mann. Ulmer, dieses Kraftpaket, ist zusätzlich mit einer Maschinenpistole bewaffnet. Per Funk meldet »Uran« der Leitstelle im Kölner Präsidium, dass Schleyers Wohnung gegen 17.30 Uhr erreicht werde.

Noch 20 Minuten bis zum Showdown.

Marcisz entscheidet sich, wie in den allermeisten Fällen, für die Route quer durch die Stadt. Vorbei also an den Observantinnen Angelika Speitel und Adelheid Schulz, die beide zur RAF-Spitze gehören, vorbei an der Telefonzelle auf dem Raderthalgürtel, in dessen Nähe am vergangenen Freitag die Polizei so überaus höflich geholfen hatte. Dies bedeutet: Der kleine Konvoi kommt so, wie es die RAF-Strategen erwartet haben.

Einer der Streckenposten ruft im Café an: »Herrn Müller von der Außenwerbung bitte!« Wisniewski geht ans Telefon. Ein Wort nur, das vereinbarte: »Mendocino.«

Die Terroristen beziehen Stellung: Boock und Hofmann am VW-Bulli in der Friedrich-Schmidt-Straße, Stoll und Wisniewski im Rammfahrzeug in der Vincenz-Statz-Straße. Auf ihrer Streifenfahrt – das Polizeiauto hat die Kennung »Arnold 14/12« – müssen sich Plützer und sein Kollege um einen Bagatellfall kümmern. Falsches Abbiegen, das kostet die Dame am Steuer 10 Mark. Sie hat nur einen Fünfziger, der wird in einem Kiosk gewechselt. Das dauert ein bisschen.

17.28 Uhr. Friedrich-Schmidt-Straße 66, gerade sind der junge Anwalt Dieter Schüngeler und seine Frau vom Einkauf zurückgekehrt. Der Verkehr staut sich, wie häufig um diese Zeit. Ein Alfa stoppt kurz, halb auf der Straße, halb auf dem Bürgersteig. Aus dem Wagen heraus fragt jemand nach einer Adresse und hält einen Zeitungsschnipsel heraus. Schüngeler kann nicht helfen, er geht ins Haus.

Wohl in diesem Moment biegt der kleine Konvoi in die Vincenz-Statz-Straße ein, Boock wedelt zum Zeichen des Angriffs mit der *Financial Times* – das Rammauto setzt abrupt zurück. Marcisz und Brändle können nicht rechtzeitig bremsen, drei Fahrzeuge sind binnen Sekunden ineinander verkeilt. Stoll und Hofmann eröffnen sofort das Feuer. Dann schießen Boock und Wisniewski, dessen Flinte mit der Spezialmunition geladen ist. In den Schnellfeuergewehren HK 43 und HK 93 stecken Hochgeschwindigkeitsgeschosse, die die Amerikaner für den Vietnamkrieg entwickelt hatten. Für den Vietnamkrieg, ausgerechnet.

Nach den ersten Salven tritt für Sekundenbruchteile Ruhe ein – dann schießen die Polizisten zurück, Ulmer achtmal, Pieler dreimal: kein Treffer. Wisniewski hechtet über das Heck des Rammfahrzeugs und feuert aus der Deckung, Hofmann geht in die Knie. Boock weiß nicht, ob sie getroffen ist. Er schießt auf das Polizeifahrzeug, während Stoll auf dessen Motorhaube springt – mitten durch die Feuerlinie seiner Komplizen.

Breitbeinig steht Stoll in einem Meter Höhe und feuert weiter wie besessen. Dann macht es klick: Das Magazin ist leer. Zwei der Schleyer-Begleiter sind sofort tot. Die beiden anderen leben noch wenige Minuten.

Fast 120 Mal haben die Täter geschossen, über 100 Mal getroffen. Eine Schussorgie wie an der Front. Stoll ruft in die plötzliche Stille hinein: »Das ist schief gegangen, die sind alle tot.«

Boock rennt zum VW-Bulli, setzt zurück – und sieht, dass Wisniewski und Hofmann Schleyer heranschleppen. Unverletzt. Er wird in den Bus gestoßen, die anderen springen hinterher. Der neunjährige Schüler *Albert Groß* sitzt gerade an den Schularbeiten, hört Schüsse, rennt auf die Straße – und wird Augenzeuge des Geschehens. Er denkt, hier werde ein Film gedreht: »Da führen die gerade einen ab.«

Die Ampel an der Kreuzung Militärringstraße / Friedrich-Schmidt-Straße zeigt Rot, Autos stauen sich. Boock jagt rechts vorbei über den Fußgängerweg, schleust den Wagen halsbrecherisch zwischen Ampel und einem Lichtmast hindurch und rast, trotz des Verkehrs von links und rechts, über die Kreuzung.

Und die Flucht der Mörder und Schleyer-Entführer hätte nach nicht mal anderthalb Kilometern zu Ende sein können. Kurz hinterm Müngersdorfer Stadion versucht ein Lastwagen des Deutschen Roten Kreuzes, in eine Einfahrt zurückzusetzen, und versperrt dabei die Straße fast auf der gesamten Breite. Ein Sanitäter sichert mit roter Flagge den Lkw.

Hinter Boock sind drei, vier Verfolger, Augenzeugen des Anschlags. Einer ruft angeblich: »Terroristen! Die haben Maschinenpistolen, die haben geschossen!« Der Posten versteht ihn nicht. Boock drückt das Gaspedal durch, fährt direkt auf den Posten zu und quetscht sich zwischen Lkw und Bürgersteig hindurch – die Verfolger: alle abgeschüttelt.

Im Auto noch injiziert Sieglinde Hofmann, die gelernte Krankenschwester, Schleyer ein Kurzzeit-Narkotikum. Es wirkt direkt nach dem Einstich. Halb betäubt wehrt er sich: »Das tut doch nicht nötig.« Einer herrscht ihn an: »Was hier nötig ist, bestimmen wir.«

Nur einige hundert Meter weiter lenkt Boock den Wagen in die Tiefgarage des Hauses Wiener Weg 1b. Dort laden die Entführer ihre benommene Geisel in den Kofferraum eines Mercedes und wollen sofort Richtung Liblar starten. Plötzlich fällt Hofmann ein, dass sie vergessen hat, im zurückgelassenen VW eine Erklärung des Kommandos zu deponieren. Dieses Schreiben, das kurze Zeit später gefunden wird, ist knapp gehalten: »An die Bundesregierung / Sie werden dafür sorgen, dass alle öffentlichen Fahndungsmaßnahmen unterbleiben – oder wir erschießen Schleyer sofort, ohne dass es zu Verhandlungen über seine Freilassung kommt. / RAF«

Der Überfall hatte vielleicht 100 Sekunden gedauert. Anwalt Schüngeler hört die Schüsse, sprintet raus, rechts um die Ecke. »Da lagen Menschen, bei einem war das Bein von unten bis oben aufgerissen.« Neugierige eilen herbei, auch Mütter mit Kinderwagen. Schüngeler hastet zurück ins Haus, wählt den Notruf. Seine Meldung wird so protokolliert: »Hier schießen mehrere Leute mit Maschinenpistolen. Mehrere Tote und Verletzte.«

Knapp 300 Meter entfernt spielt die 14-jährige Gymnasiastin Christiane auf einem Platz im Stadtwald gerade Tennis mit einer älteren Bekannten. Beim Stakkato der Schüsse bricht diese zusammen und schleppt sich dann kreidebleich zu einer Bank. Ein Flashback – nach Jahrzehnten. Urplötzlich war die Erinnerung an eine böse Kriegsszene wieder hochgekommen. Dieses Erlebnis, sagt Christiane Woopen, heute Professorin für Medizinethik, sei »damals für mich sehr dramatisch« gewesen.

»Arnold 14/12« ist der erste Streifenwagen am Tatort, um 17.35 Uhr trifft er ein. »Der Pulverdampf«, so Plützer, »hing noch in der Luft.« Und dann »dieses Lungengeräusch, dieses rasselnde Geräusch«. Das Geräusch eines sterbenden Menschen, dessen Lunge zerfetzt wurde.

Kurz darauf trifft eine Notärztin ein, Minuten später landet der Rettungshubschrauber »Christoph III«. Pilot Lutz Aufenacker, ein junger Beamter des Bundesgrenzschutzes, hat eine Szene besonders in Erinnerung: »Auf mich kommt ein kleiner Junge zu, er hat eine Pistole in der Hand, hält sie in meine Richtung, ein ganz schlimmer Moment.« Aufenacker packt sich die Waffe, entlädt sie. Die anderen Waffen, die auf der Straße liegen, sammelt er auf und legt sie samt Magazinen aufs Heck des Mercedes 280 E.

Und Aufenacker sieht, dass aus der Hosentasche eines der Männer, der im Rettungswagen liegt, eine feingliedrige Kette heraushängt.

Er zieht daran und hält eine ovale Marke in der Hand: Polizei Baden-Württemberg. Es ist 18 Uhr.

Einer der ersten Journalisten am Tatort ist Engelbert Greis, seit zwei Jahren Lokalredakteur der *Kölnischen Rundschau*. »Die Leichen lagen da, nicht abgedeckt, ein schreckliches Bild. Ich habe wochenlang davon geträumt.« Greis hatte im Krankenhaus Ersatzdienst geleistet und einige Tote gesehen. »Das war was völlig anderes.«

Als Günther Braun, Polizeireporter beim *Kölner Stadt-Anzeiger*, von seinem Wagen aus die Redaktion anfunkt, steht plötzlich eine Frau neben ihm. »Sind Sie von der Polizei? Was ist denn passiert? Mein Mann ist der Fahrer von Herrn Schleyer.«

Braun weiß längst, dass Heinz Marcisz tot ist, brutal niedergestreckt. Er sagt aber nichts. In der Wohnung von Anwalt Schüngeler hat die Kripo eine provisorische Leitstelle eingerichtet. Friedrich K. Kurylo, ein Kollege Brauns, begleitet Anni Marcisz hinein. Dort erfährt sie es – und wird ohnmächtig.

Wer schnell ist, der kann schnell aufklären, das weiß jeder Polizeischüler. In Köln aber scheint diese Maxime außer Kraft gesetzt zu sein. Die ersten, so wichtigen Stunden verstreichen ungenutzt im Chaos verschiedener Ämter. Auch dann noch, als kurz nach 19 Uhr Bundesinnenminister Werner Maihofer (FDP) in Absprache mit Generalbundesanwalt Kurt Rebmann das Bundeskriminalamt mit der »Wahrnehmung aller polizeilichen Aufgaben« beauftragt. Ein bis dahin einzigartiger Vorgang in der deutschen Polizeigeschichte. Eigentlich ist Polizeiarbeit Sache der Länder, so steht es jedenfalls im Grundgesetz.

Ein »Ablaufkalender«, den führende Beamte vor Ort in Köln erstellten, enthüllt den desaströsen Beginn der Ermittlungen:

17.28 Uhr: Tatzeit.

17.45 Uhr: Kriminalwache verständigt BKA/TE, also die Abteilung Terrorismus.

18.20 Uhr: Leiter 14. K. PP Köln (= Staatsschutz, Polizeipräsidium Köln) versucht vergeblich, GBA (= Generalbundesanwalt) zu erreichen.

18.26 Uhr: Vermittlung GBA meldet sich erneut nicht.

18.45 Uhr: Leiter 14. K. verständigt GBA.

19.30 Uhr: Zwei Beamte des BKA/TE erscheinen am Tatort.

Um 20.10 Uhr dann trifft ein junger BKA-Kriminaldirektor im Kölner Präsidium ein; er ist, wie sich dann herausstellt, der gerade bestallte Chef der BKA-Sonderkommission, bald Soko 77 genannt. Eine Meldung bei der provisorischen Einsatzleitung der Kripo Köln hält er offenbar für nicht nötig. Stundenlang ist er für sie nicht erreichbar. Erst um 22.45 Uhr, über fünf Stunden nach dem Blutbad, ist er zu sprechen. Hans Werner Hamacher, der Direktor des nordrhein-westfälischen Landeskriminalamts, »ersucht« ihn »dringend«, endlich doch im Kölner Präsidium »eine Einsatzleitung BKA aufzubauen«.

Dies geschieht weit nach Mitternacht, um 1.07 Uhr. Ehe der Kriminaldirektor alle bis dahin »eingegangenen Spuren, Hinweise, Berichte, Fernschreiben und sonstigen erstellten Unterlagen« (Ablaufkalender) in der Hand hält, ist es 3 Uhr morgens. Die Soko 77 wird personell aufgestockt. Die meisten Beamten sind Kölner Kripoleute. Stellvertreter des Leiters ist der erprobte Kriminaloberrat Karl-Heinz Pähler. Er hat bereits Dutzende Mordkommissionen geleitet.

Taktisch gesehen, bedeutete Maihofers Anordnung, dass etablierte Befehlsstrukturen und routinemäßige Arbeitsabläufe in einer so erfahrenen Großstadtpolizei wie der Kölner nicht mehr viel galten. Er sei »entsetzt« gewesen, als er am Abend eintraf, erinnerte sich Nordrhein-Westfalens damaliger Innenminister Burkhard Hirsch (FDP) – »das Durcheinander eines Ameisenhaufens«, trotz der »Wundermänner« des BKA.

Das Chaos sei »noch dadurch vergrößert« worden, resümierte Kölns Kripochef Manfred Gundlach, »weil Spitzenpolitiker des Bundes [...] sich von der ersten Stunde an dazu berufen fühlten, auf Maßnahmen der Polizei direkt oder indirekt Einfluss zu nehmen«. So hatte Maihofer, ohne jede Absprache, die Spezialtruppe GSG 9 nach Köln beordert – obgleich klar war, dass ein Einsatz zu diesem Zeitpunkt nicht zu rechtfertigen war. Denn die Drohung der RAF war unmissverständlich: keine öffentlichen Fahndungsmaßnahmen.

Für Plützer und seine Kollegen ist der Einsatz gegen 21.30 Uhr zu Ende. Auf der Wache trinken sie ein paar Flaschen Bier, um vielleicht so ein bisschen zur Ruhe zu kommen. »Keiner hat uns je gefragt, wie es uns ging«, sagt Plützer, eine psychologische Betreuung gibt es nicht. Einen Tag später nur muss er raus zu einem Unfall im Stadtteil Ehrenfeld, ein Mann ist dabei verbrannt. Er habe schon früh versucht, diese schrecklichen Stunden des 5. und 6. September aufzuarbeiten: »Eigentlich geht das immer noch so, bis heute.«

Hätte es nicht das 10-Mark-Knöllchen gegeben, dann wären er und *Mayer* früher am Tatort gewesen: »Vielleicht hat diese Lappalie unser Leben gerettet.«

*

Ebenfalls am späten Abend, Ost-Berlin, Normannenstraße. Die Zentrale des Ministeriums für Staatssicherheit, eigentlich sagt jeder nur: Stasi.

Die Nachricht von den Morden in Köln und der Schleyer-Entführung ist Hauptthema einer kurzfristig anberaumten Konferenz. General Bruno Beater, einer der Vertreter von Minister Erich Mielke, erteilt die Order, allumfassend aufzuklären. Allumfassend heißt: Telefone abhören, Funkverkehr aufzeichnen, Quellen instruieren.

Die Stasi verfolgt, vorrangig, ein einziges Ziel. Nämlich zu versuchen festzustellen, ob die jetzt anlaufenden Fahndungen »mögliche Auswirkungen auf die operative Arbeit« haben. Heißt: auf die Arbeit der DDR-Spione, die überall sitzen. In Ministerien, bei der Polizei. Oder in Einwohnermeldeämtern.

ZEITGEWINN UM JEDEN PREIS

Die erste Nachricht jagt die Presseagentur ap heraus, um 18.11 Uhr. Ein Satz nur: »Auf den Präsidenten der Bundesvereinigung der Deutschen Arbeitergeberverbände, Hanns Martin Schleyer, ist am Montagnachmittag ein Attentat verübt worden.«

Um 18.49 Uhr klinkt sich der Rundfunk ein. »Bei dem Anschlag in Köln gab es nach ersten Angaben von Polizei und Feuerwehr vier Tote. Die Schüsse wurden aus einem VW-Kombi heraus abgegeben. [...] Noch immer steht nicht fest, ob Schleyer sich unter den Opfern befindet.«

Schmidt, der Bundeskanzler, ist seit einer Dreiviertelstunde informiert. Er sitzt gerade mit Außenminister Hans-Dietrich Genscher und Innenminister Werner Maihofer zusammen. Keiner zweifelt daran, wer die Täter sind. Zwei Stunden später die Gewissheit. Im VW-Bulli, den die Terroristen in der Tiefgarage am Wiener Weg zurückgelassen hatten, findet ein Fahnder den Zettel mit den kurzen Anweisungen »an die Bundesregierung«.

Der Kanzler telefoniert mit dem in Berlin weilenden Oppositionsführer Kohl. Und der äußert sich noch vor Schmidt im Fernsehen. Die RAF sei eine »blindwütige Bande von Mördern«, sagt er. Sie hätten nur eines im Sinn: »[...] unserem Volke und der Zivilisation und dem, was wir freiheitliche Demokratie nennen und leben wollen, den Krieg zu erklären.«

Schmidts TV-Ansprache wird um 21.55 Uhr erst in der ARD ausgestrahlt, dann um 22.30 Uhr im ZDF. »Die Nachricht von dem Mordanschlag auf Hanns Martin Schleyer und die ihn begleitenden Beamten und Mitarbeiter hat mich tief betroffen«, sagt der Regierungschef. »Während ich hier spreche«, fährt er fort, den Blick durchs Kameraobjektiv immer direkt auf die Zuschauer gerichtet, »hören sicherlich auch die schuldigen Terroristen zu.«

Pause.

»Sie mögen in diesem Augenblick ein triumphierendes Machtgefühl empfinden.«

Pause.

»Aber sie sollen sich nicht täuschen.«

Nicht täuschen – mit dieser Ansage ist der Kurs der Regierung zementiert. Unwiderruflich, was auch geschieht: keine Verhandlungen, kein Nachgeben. Zeitgewinn um jeden Preis.

Ganz am Anfang seiner Politkarriere, als Hamburger Innensenator während der Flutkatastrophe im Februar 1962, hatte Schmidt eine schwierige Situation bewältigen müssen; daher rührt sein Image als »Großmeister deutschen Krisenmanagements« (so der Berliner *Tagesspiegel*). Binnen weniger Stunden waren durch den Orkan Vincinette gewaltige Wassermassen in die Elbmündung gedrückt worden, an 60 Stellen brachen Deiche und Dämme, ein Fünftel der Stadtfläche war überschwemmt. 315 Menschen starben, 20 000 wurden obdachlos. Damals wurde – auch unter Berufung auf Schmidt – berichtet, trotz strikten Flugverbots habe er sich mit dem Hubschrauber in die vom Wasser eingeschlossenen Stadtteile einfliegen lassen und höchstpersönlich Hand angelegt, um »die Leute von den Dächern zu pflücken«. Er habe nicht gewartet, bis ihm Soldaten zugeteilt worden seien – sondern Einheiten der Bundeswehr einfach seinem Kommando unterstellt.[8]

Der angebliche Herr der Flut, ein schneidiger Typ, der dann den Weg nach oben antrat: Bundestagsabgeordneter, Chef der SPD-Fraktion, Verteidigungsminister, Finanzminister. Bundeskanzler.

[8] Gut zwei Jahre nach Schmidts Tod am 10. November 2015 enthüllte der Historiker und Publizist Helmut Stubbe da Luz, dass »der große Retter Hamburgs« (*Handelsblatt*) an der eigenen Legende kräftig gestrickt hatte: »Vieles ist stark übertrieben, manche Angaben sind erfunden.« Kaum etwas sei so abgelaufen, wie es die Schmidt'sche Heldensaga darstelle. Er habe erst eingegriffen, als sich die Lage bereits wieder entspannte.

Jetzt, gut 15 Jahre später, eine andere, viel größere Herausforderung. Und der Kanzler fühlt sich aufgerufen, persönlich das Gemeinwesen »bis an die Grenzen des Rechtsstaats« zu verteidigen gegen eine Handvoll Zerstörer. Die Stunde der Not ist immer die Stunde der Exekutive.

Schmidt braucht die Unterstützung der Opposition – und die der Bundesländer. Er installiert, als Sicherheitsnetz, den »Großen Politischen Beratungskreis« (auch »Großer Krisenstab« genannt), dem die Vorsitzenden der im Bundestag vertretenen Parteien und deren Fraktionsvorsitzende angehören: Willy Brandt, Herbert Wehner (beide SPD), Helmut Kohl (CDU), Franz Josef Strauß (CSU), Hans-Dietrich Genscher und Wolfgang Mischnick (FDP), Friedrich Zimmermann (CSU). Auch dabei: die Regierungschefs jener vier Bundesländer, in deren Gefängnissen RAF-Terroristen einsitzen.

Und Schmidt verfügt, neben diesem Beratungskreis die »Kleine Lage« einzurichten, eine abgespeckte Version des Kabinetts. In diesen »Kleinen Krisenstab«, wie er bald schon von Journalisten genannt wird, beruft der Kanzler auch Generalbundesanwalt Kurt Rebmann und BKA-Chef Horst Herold. Anders als der stockkonservative Rebmann ist Sozialdemokrat Herold offen für viele Denkmodelle. Auch für ihn sind Terroristen selbstredend Gegner – und doch respektiert er, der mal mit den 68ern sympathisierte, auf seine Weise die »hochintelligenten und hochmoralischen jungen Menschen«. Es habe »mit den Widersprüchen unserer industrialisierten Gesellschaft« zu tun, dass sie den Staat umstürzen wollten, so sein Befund. »Wir müssen dem Anarchismus den Boden entziehen.«

Herold hatte sich eigentlich bis zum 7. September abgemeldet, ein paar Tage Urlaub im bayerischen Lenggries. Dort wollte er wandern mit Günther Nollau, dem früheren Leiter des Bundesamts für Verfassungsschutz, und wahrscheinlich hätte ein Gesprächsthema dabei ganz oben rangiert: der Terrorismus.

Als die Nachricht eintrifft, packt Herold sofort seine Sachen zusammen, storniert das Zimmer, sein Fahrer versucht, auf der Fahrt Richtung Norden immer Tempo 200 zu halten. Übers Autotelefon teilt Innenminister Maihofer ihm mit, ab jetzt führe er das Kommando – er allein, Generalbundesanwalt Kurt Rebmann habe dies abgesegnet. Herold weiß: »Damit haben wir auch die gesamte Verantwortung am Arsch.« So zitiert ihn der Autor Butz Peters in seiner minutiösen Darstellung *1977. RAF gegen Bundesrepublik.*

An Bord findet sich zufällig ein Stadtplan von Köln, Herold breitet ihn auf seinen Knien aus, studiert das Straßensystem. Der BKA-Chef ist sich sicher, dass die Täter den Rhein nicht überquert, sich also nicht in Richtung Osten abgesetzt haben. Damit liegt er richtig. Sie müssten noch in der Nähe sein, innerhalb des sofort angelegten Fahndungsrings. Auch diese Einschätzung stimmt.

Schlupfwinkel von Terroristen hatten stets Gemeinsamkeiten: Strom und Miete wurden in aller Regel vorab in bar gezahlt, auch Kautionen. Bevorzugt: Appartements in Hochhäusern mit Tiefgarage, immer in der Nähe von Autobahnauffahrten. Das ist ein Raster, das gilt.

Und der BKA-Chef ist optimistisch. »Die Täter« seien »uns alle bekannt«, sagt Herold zu einem Kollegen, als er in Bonn ankommt. »Über kurz oder lang« würden sie sich im »engmaschigen Schleppnetz« verfangen.

Herold liebt solche Sätze, und er formuliert sie druckreif.

*

Bis 2 Uhr morgens hatte Schleyer im Kofferraum des Mercedes liegen müssen, bewacht von Wisniewski. Nun herrscht im Haus Zum Renngraben 8 totale Ruhe. Schleyer, vor den Augen eine Schweißerbrille, wird in der Tiefgarage zum Aufzug geleitet. Hoch in die dritte Etage. Auf dem Flur nach rechts, vorbei an zwei Wohnungstüren. Am Ende links: die Wohnung 104. Angemietet von Monika Helbing mit dem Personalausweis jener Annerose Lottmann-Bücklers.

Eine deutsche Durchschnittswohnung. Auf dem Boden: zwei runde Reisstrohteppiche und ein roter Läufer. Direkt neben der Küchentür steht eine grüne Bodenvase mit rotem Band. Auf dem Schuhschrank ein Holzbild, es zeigt einen Jäger mit Gewehr und Hund. Das kleine Bad: hellblau gekachelt. Im Wohnzimmer liegt ein schwarzweiß gemusterter Teppich. Das Schlafzimmer ist der größte Raum – 24 Quadratmeter. Unter dem Doppelbett sind Mikrofone versteckt, die durch Leitungen mit einem Tonband in der Küche verbunden sind. Es wird die ganze Zeit laufen, jedes Wort aufzeichnend.

An den Wänden zum Hausflur hat der technisch versierte Boock Mauermikrofone angebracht, die jedes Geräusch außerhalb der Wohnung registrieren. Und im Wohnungsflur hat er einen Einbauschrank dick mit schallabsorbierendem Schaumstoff ausgeschlagen, an der Wand hängt eine Schließkette. Ein Versteck im Versteck.

Schleyer sei nie in diesen Schrank gesperrt worden, wird Boock später behaupten. Doch eingehende Untersuchungen im BKA-Labor KT 3 ergaben, dass »108 der 190 gefundenen Haarspuren mit den Vergleichskopfhaaren des Dr. Schleyer« übereinstimmten. Allerdings erklärten die Kriminaltechniker auch, eine »sichere individuelle Zuordnung im Sinne einer Identitätsbestimmung« sei »nicht möglich«.

Wie auch immer – die Konstrukteure dieser Form eines Verlieses waren dieselben, deren Unterstützer lauthals die angebliche Isolationsfolter in deutschen Gefängnissen angeprangert hatten.

Im Kühlschrank: ein Vorrat an Nahrungsmitteln, für Schleyer wird »Alete«-Kindernahrung gehortet. »Die verträgt jeder«, so Boock, »auch wenn er einen kaputten Magen hat oder vor Aufregung nur so kotzt.«

Ursprünglich sollte Schleyer ein Chemieklo benutzen, wie es etwa in Wohnmobilen eingebaut ist. Dann wurde ihm erlaubt, die normale Toilette aufzusuchen. Auch frische Unterwäsche lag immer bereit.

Schon vor der Geiselnahme war präzise festgelegt worden, wer Schleyer wann bewachen sollte. In einem Fachaufsatz hatten die Terroristen gelesen, dass es schnell schon zu einer Vertrautheit zwischen

Bewachern und Bewachtem kommen könnte. Deshalb sollten die Aufpasser ständig wechseln.

Zum Plan gehörte auch, peu à peu die Mitglieder des Mord- und Entführungstrupps abzulösen und, wie es bei den Militärs heißt, gegen frische Kräfte auszutauschen. Stoll war der Erste. Seine Salvenorgie auf der Motorhaube, diese wahnsinnige Metzelei, hatte ihm stark zugesetzt. Mancher glaubte, Stoll sei dabei, seinen Verstand zu verlieren.

6. SEPTEMBER, DIENSTAG, TAG ZWEI

Schleyers Versteck in Liblar, frühmorgens. Die Entführer haben sich einen Kampfnamen gegeben – »Kommando Siegfried Hausner«. RAF-Kumpan Hausner war nach dem Stockholmer Inferno mit schwersten Verletzungen erst nach Köln ausgeflogen worden, in die Universitätsklinik. Dort hätte er, davon waren seine Komplizen überzeugt, gerettet werden können. Dann kam die Order der Bundesanwaltschaft, ihn in die Krankenstation der JVA Stammheim auszufliegen. Hausner starb binnen Stunden.

Kurz wird diskutiert, welche Forderungen die Bundesregierung zu erfüllen habe, damit Schleyer freikommt. Dann setzt sich Brigitte Mohnhaupt, die Vertraute von Baader und Co., die mal Journalistin werden wollte, an die Schreibmaschine. Elf »Gefangene« – an der Spitze Baader und Gudrun Ensslin – müssten freigelassen und mit je 100 000 D-Mark ausgestattet werden. »Bis Mittwoch, 8 Uhr früh« seien sie »auf dem Flughafen Frankfurt zusammenzubringen«; Zeitpunkt des Abflugs »in ein Land ihrer Wahl«: 12 Uhr mittags.

Zwei Männer sollten sie begleiten, als Garanten »für das Leben der Gefangenen während des Transports bis zur Landung«. Der eine ist Martin Niemöller, 85 Jahre alt, ein prominenter evangelischer Theologe, der jahrelang in KZ-Haft saß. Der andere ein junger Jurist aus Genf, Denis Payot. Die Entführer halten ihn – fälschlicherweise – für einen hochrangigen Mitarbeiter der Vereinten Nationen. Vielmehr ist Payot Anwalt und Präsident der »Schweizerischen Liga für Menschenrechte«, einer rein privaten Organisation.

Der Kanzler habe »in Stockholm demonstriert«, dass er schnell entscheide, heißt es am Schluss der Erklärung. »Wir gehen davon aus, dass Schmidt [...] sich bemühen wird, sein Verhältnis zu diesem fetten Magnaten der nationalen Wirtschaftscreme ebenso schnell zu klären.« Die Erklärung des »Kommandos Siegfried Hausner« müsse am Abend in der »Tagesschau« verlesen werden. »Ungekürzt und unverfälscht.«

Erstaunlich ist, dass dieser Text auf jedwede politische Fundierung verzichtet. Sonst übliche Begrifflichkeiten wie »Faschismus« oder »Antiimperialismus« fehlen. Es geht also nur darum, Baaders Order zu exekutieren: Freipressung.

Schleyer wird fotografiert, in Trainingsjacke und Unterhemd. Er hält ein Schild mit der Aufschrift: »6.9.1977 GEFANGENER DER RAF.« Hinter ihm scheint der fünfzackige RAF-Stern samt Schriftzug und Maschinenpistole auf. Der Entführte sieht mitgenommen aus, verschwitzt. Wahrscheinlich sollte »bewusst ein Gegenbild zu Schleyers offizieller Persona verbreitet« werden, befand die Kunsthistorikerin Charlotte Klonk. Nämlich kein zielstrebiger Blick wie auf offiziellen Porträts, keine autoritäre Ausstrahlung. Sondern »banalste Kreatürlichkeit«. Das Kalkül war wohl, eben diesen »fetten Magnaten« den Sympathisanten und Unterstützern vorzuführen: Besiegt, seht her! Als das Polaroid-Bild dann – gegen die ausdrückliche Bitte der Bundesregierung – veröffentlicht wurde, löste es freilich nur Entsetzen und Mitleid aus.

Der Mohnhaupt-Text, eine Notiz Schleyers (»Mir geht es soweit gut, ich bin unverletzt und glaube, daß ich freigelassen werde, wenn die Forderungen erfüllt werden«) und das Beweisfoto samt einer privaten Aufnahme, die in seiner Brieftasche steckte, werden in einen DIN-A4-Umschlag gepackt. Ein Helfer der RAF schafft das Kuvert nach Wiesbaden – und wirft es dort in den Briefkasten eines hochrangigen protestantischen Geistlichen. Diesem erklärt ein Anrufer gegen 15.40 Uhr, er solle das Schreiben weiterleiten »an die Bundesregierung«. Das klingt nicht wie eine Bitte. Eher wie ein Befehl.

Der Adressat war zufällig gewählt, offenbar galt den Terroristen der

Berufsstand eines Kirchenmanns als zuverlässig. Wiesbaden indes, Sitz des Bundeskriminalamts, war bewusst ausgesucht. »Wir wollten zeigen«, so Boock, »dass wir keine Angst und keinen Respekt vor der Fahndung haben.«

Kurz nach 19 Uhr wird der Kanzler über dieses Ultimatum informiert. Er berät sich mit Kohl, dem Oppositionsführer. In der »Tagesschau« verkündet um 20 Uhr ARD-Chefsprecher Karl-Heinz Köpcke, der Brief sei dem BKA »am späten Nachmittag zugegangen«, der Bundesregierung habe er »erst am Abend« vorgelegen. Deshalb könne der »Termin für die von Ihnen gewünschte Veröffentlichung nicht eingehalten werden«.

Hinhalten, immer wieder hinhalten – das wird die Strategie der kommenden Tage und Wochen sein, um Schleyers Versteck zu finden.

Der einflussreiche SPD-Abgeordnete Peter Corterier, später Staatsminister im Auswärtigen Amt, gibt dem britischen Rundfunksender BBC ein Interview. Frage des Reporters: »Glauben Sie, dass Herr Schmidt sich einem Erpressungsversuch beugen wird?« – Corterier: »Ich bin wie die meisten von uns der Meinung, dass er sich auf keinerlei Erpressung einlassen kann.« Nachfrage: »Selbst wenn das bedeutet, dass Herr Schleyer getötet wird?« – Corterier: »Ja, ich glaube, ein Nachgeben ist nicht möglich.«

Um 23.33 Uhr tritt zum ersten Mal der Große Krisenstab zusammen. Protokoll führt Volker Busse, der im Kanzleramt das Referat »Öffentliche Sicherheit« leitet. Schmidt habe »allen Teilnehmern versprochen«, so Busse, dass »jedes Wort im Raum« bleibe – bis heute unterliegen die Protokolle wohl deswegen der Geheimhaltung. CSU-Zimmermann allerdings schreibt in Kurzschrift die wichtigsten Sätze mit. Am Ende, nach Auflösung beider Stäbe, werden diese privaten Notizen über 100 Seiten stark sein. In seinem Buch *Kabinett-*

stücke. Politik mit Strauß und Kohl 1976–1991 reißt er einige Situationen an, erkennbar mit Zurückhaltung.

Fast alle Mitglieder beider Krisenstäbe haben im Zweiten Weltkrieg als Offiziere gedient, nur CDU-Mann Kohl und der Düsseldorfer Innenminister Burkhard Hirsch nicht. Der Journalist Peter Koch merkte an, in den Sitzungen habe vielleicht deshalb eine Art »Landsknechts-Atmosphäre« geherrscht. Doch Zeitzeuge Busse sagt, und dies bestätigte auch Hirsch, es sei »immer seriös und ruhig« zugegangen. Seriös und ruhig im Ton. Aber nicht, was die Thematik betrifft.

BKA-Chef Herold entwirft Szenarien, wie die für die Fahndung wichtige Zeit herausgeholt werden könne. Die Terroristen hätten ja verlangt, Payot solle eingeschaltet werden – dies sei ein guter Verzögerungsansatz. Es sei auch die Frage zu klären, ob der hochbetagte Niemöller überhaupt zur Begleitung bereit sei. Ferner sei zu ermitteln, ob es Zielländer gebe, die freigepresste Gefangene aufnehmen würden.

Bevor die Krisenstäbler um 1 Uhr morgens auseinandergehen, fallen zwei Entscheidungen. Ab sofort sollen die Häftlinge in den Gefängnissen untereinander und nach außen hin isoliert werden – ein neuer Rechtsbegriff entsteht: Kontaktsperre.[9] Generalbundesanwalt Rebmann hatte angeblich Einwände: »Es wird Geschrei geben, wenn wir den Anwälten den Zugang verwehren.« Der Kanzler, sarkastisch: »Darüber werde ich hinwegkommen.«

[9] Betroffen von der Kontaktsperre waren etwa 70 Frauen und Männer. Da eine gesetzliche Grundlage fehlte, wurde diese Maßnahme mit einem »rechtfertigenden Notstand« begründet – gemäß Paragraf 34 des Strafgesetzbuchs. Das »Kontaktsperregesetz« trat am 2. Oktober 1977 in Kraft. Zuvor hatte bereits der Bundesgerichtshof die Regelung für rechtens erklärt. Per Gesetz wurden auch andere Verteidigerrechte eingeschränkt. Der neue Paragraf 88a sanktionierte eine »verfassungsfeindliche Befürwortung von Straftaten« in Wort und Bild, Paragraf 129a (»Bildung terroristischer Vereinigungen«) ermöglichte es, quasi ins Blaue hinein zu ermitteln. Er wurde, wie Paragraf 88a, 1976 eingeführt. Wer etwa »RAF« auf Häuserwände sprühte, der machte sich strafbar.

Und, wichtiger noch: kein Nachgeben, niemals. Schmidt sagt, dass »die Handlungsfähigkeit des Staates und das Vertrauen in ihn im In- und Ausland« nicht gefährdet werden dürften. Nur einer in der Runde soll dafür plädiert haben, auf die RAF-Forderungen einzugehen. Wer das war, notierte Zimmermann nicht. Vielleicht hat es Protokollant Busse zu Papier gebracht.

Der Terrorismusexperte Klaus Pflieger, von 2001 bis 2013 Generalstaatsanwalt in Stuttgart, merkt in seiner faktenreichen Analyse *Die Rote Armee Fraktion – RAF* an, dass sich die Entscheidung, hart zu bleiben, »im Grundsatz« an einem Erlass des Preußenkönigs Friedrichs des Großen orientiert haben könnte. Am 10. Januar 1757 diktierte der »Alte Fritz« seinem Kabinettsminister und Jugendfreund Karl Wilhelm Graf Finck von Finckenstein: »Wenn ich das Unglück haben sollte, vom Feinde gefangen genommen zu werden, so verbiete ich, dass man auch nur die geringste Rücksicht auf meine Person nehme, und dass man dem die geringste Beachtung schenkt, was ich etwa aus meiner Gefangenschaft schreibe.« Es sollten »alle meine Minister und Generale mit dem Kopf dafür haften [...], dass man weder eine Provinz noch ein Lösegeld für mich anbietet [...]«.

*

Dass die Horcher der Stasi die am Abend zuvor erlassene Order zu allumfassender Aufklärung sofort umsetzten, belegt eines der ganz wenigen erhaltenen Dokumente (»Streng geheim«) der MfS-Hauptabteilung III, die den »funkelektronischen Kampf« gegen den Westen ausfocht. Mitgehört und aufgezeichnet wurde um 10.14 Uhr auf Kanal 39 das Telefonat eines Westberliner Staatsschützers mit einem Godesberger BKA-Kollegen. In der Information Nr. 4651 heißt es, der Anrufer erkundige sich »im Auftrag des Senats [...] speziell nach dem Inhalt des Briefes«, der im Fluchtwagen, dem VW-Bulli, gefunden worden war.

Stasi-Experten zapften auch, wo immer es möglich war, die Telefone der Schleyer-Krisenstäbler an, vor allem Autotelefone. Die Mitschnitte wurden ausgeschrieben oder zu Kurzberichten komprimiert – und irgendwann in den Wendezeiten vernichtet.

7. SEPTEMBER, MITTWOCH, TAG DREI

BKA-Chef Herold ist seit vorgestern Abend nicht nur oberster und damit allmächtiger Einsatzleiter der gesamten deutschen Polizei einschließlich des Grenzschutzes. Ein Wort nur, und selbst der Bundesnachrichtendienst, der Militärische Abschirmdienst und die Verfassungsschützer aus Bund und Ländern hätten seiner Weisung zu folgen. Der Grundsatz, dass Polizei Ländersache ist – ausgehebelt. Und das Trennungsgebot zwischen Geheimdienst und Polizei, eine Konsequenz aus den schlimmen Erfahrungen der NS-Zeit, gilt nicht mehr. Aber niemand habe sich Zeit genommen »für Grundsatzdiskussionen«, sagt der Herold-Biograf Dieter Schenk. »Es musste sofort gehandelt werden.«

Die Computersysteme des BKA und anderer Behörden sind überfrachtet mit Informationen. Neben PIOS, der Herold-Erfindung, existieren 37 Dateien und Karteien, in denen 4,7 Millionen Personennamen und 3100 Organisationen abgespeichert sind. Die »Zentrale Kontaktdatei« registriert 60 000 Menschen, die nach den locker gehandhabten BKA-Kriterien irgendwie mit Terrorismus zu tun haben – und sei es, dass jemand nichts ahnend einem mutmaßlichen RAF-Sympathisanten sein Auto verkauft hat.

Über 100 Personen aus der Terrorszene sitzen in Haft, gegen 240 Verdächtige laufen Ermittlungsverfahren, bei 70 von ihnen wird das Telefon zeitweise oder rund um die Uhr abgehört. Spezialisten des Verfassungsschutzes zapfen auch die Anschlüsse etlicher linker Ärzte an, die einem beim Anschlag möglicherweise verletzten Schleyer helfen könnten. Die Operation trägt den Codenamen »Aspirin«.

Allerdings, Herold setzt nicht nur auf den Großen Bruder. Wichtig seien vor allem auch Informationen, sagt er in kleinem Kreis, die

»vom Hausmeister kommen«. Oder »etwa von Maklern«. Und solche Informationen können nur die Schupos vor Ort heranschaffen, die in ihren Bezirken alles und jeden kennen. Haustürarbeit.

Hürth, ein paar Kilometer südwestlich von Köln. Das Kreishaus, Sitz der Erftkreis-Polizei, 9 Uhr. Die übliche Mittwoch-Besprechung der Dienststellenleiter. Normale Themen sind: Kriminalitätsentwicklung, Verkehrsunfälle, Personalien. Schutzpolizeidirektor Karl Biemann macht es heute kurz. Alle verfügbaren Beamten müssten sofort nach möglichen Verstecken Schleyers suchen. Auch der Chef der Kripo, Toni Breuer, mobilisiert seine Leute.

Polizeihauptkommissar Rolf Breithaupt, der Leiter der Polizeistation Erftstadt, formuliert für seine sieben Bezirksbeamten eine Anweisung, die er auch in der Wache aushängen lässt. Als »mögliche Verbringungsorte des Dr. Schleyer« benennt Breithaupt »einsam liegende Bauerngehöfte« – und »Wohnungen in reinen Wohngebieten, insbesondere Hochhäuser«. Gegen 10 Uhr machen sich seine Kollegen auf den Weg. Im Bereich Erftstadt-Liblar recherchiert der für diesen Beritt zuständige Polizeihauptmeister Ferdinand Schmitt. Ein Ziel: das Haus Zum Renngraben 8, dieses Gebäudemonstrum. Der Hausmeister kann nicht helfen, aber die Maklerin *Ingrid Kuschelmann* macht aufmerksam auf die Mieterin der Wohnung 104. »Ach ja, Herr Schmitt. Als ich erklärte, sie müsse 800 D-Mark Kaution bezahlen, nahm sie sofort aus ihrer Tasche ein Bündel mit Geldscheinen, Fünfziger, Hunderter, Fünfhunderter.«

Das Hochhaus hat eine Tiefgarage. Keine Debatte über die Höhe der Kaution. Angebotene Bargeldzahlung – das alles könnte ins Raster passen.

Um 15 Uhr setzt Breithaupt unter dem Betreff »Anarchisten-Fahndung« ein Fernschreiben – laufende Nummer 140 – an die Leitung der Schutzpolizei ab. Er listet darin acht Objekte auf, die »eventuell als Aufenthalte für gesuchte Personen in Frage kommen«. Unter Position 7 findet sich die von Schmitt entdeckte Spur. Der Name, unter dem sich die Mieterin vorgestellt hatte, wird ausdrücklich erwähnt: Annerose Lottmann-Bücklers.

Auch die Kripo erhält dieses Telex, telefonisch nachgeliefert wird die Adresse: Wuppertal, Bismarckstraße 8. Eine »Bürofahndung«, so wird die Recherche in vorhandenen Akten oder per Telefon genannt, unterbleibt. Sonst wäre ganz schnell herausgekommen, dass diese Adresse nicht existiert: Die Hausnummern beginnen erst bei der Nummer 11.

Und ganz schnell hätte sich, wie es im Polizistendeutsch heißt, eine Verdachtslage ergeben.

Breithaupt wird später sagen, alle in seiner Station seien der Überzeugung gewesen: »Wenn Erftstadt, dann Zum Renngraben 8.«

⅄

Dort, in der Wohnung 104, wurde Schleyer ständig befragt, oftmals auch spätnachts. Er brauchte nicht viel Schlaf. Einen Teil dieser »Verhöre«, die allesamt auf Tonband aufgenommen wurden, hat Boock in seinem Buch *Die Entführung und Ermordung des Hanns-Martin Schleyer* veröffentlicht – aus dem Gedächtnis heraus. Deshalb auch nennt er die Veröffentlichung eine »dokumentarisch-fiktive Montage«. Soll heißen: Was er erinnert, das muss durchaus mit Vorsicht behandelt werden. Unter seinen ehemaligen Komplizen ist er kaum gelitten. So manchem gilt er als der »Karl May der RAF«.

Ein Thema von besonderer Bedeutung soll die NS-Zeit gewesen sein – jener Lebensabschnitt Schleyers also, den auch der Stasi-Mann Schelkmann eingehend untersucht hatte. Boock hat einige Dialoge im O-Ton wiedergegeben, so auch den folgenden.

RAF: »Wir werfen Ihnen eine Reihe von Verbrechen vor, angefangen mit Ihren Funktionen und Tätigkeiten in der NS-Studentenschaft, der NSDAP und der SS. [...] Sind Sie bereit, sich zu diesen Vorwürfen zu äußern?«

Schleyer: »Hab ich denn eine reale Chance, Ihre Vor-Urteile zu revidieren [...]?«

RAF: »Wenn Sie es nicht täten, hätten Sie bereits Freund wie Feind widerlegt. Es wird nämlich behauptet, Sie wären eine Kämpfernatur [...].«

Schleyer: »Also gut, ich werde mir Ihre sogenannte Anklage anhören und – wenn ich es für richtig halte – darauf eingehen.«

RAF: »Ich habe mich gefragt, aufgrund welcher Fähigkeiten und Eigenschaften Sie innerhalb von so kurzer Zeit in die Führung der NS-Studentenschaft aufgerückt sind?«

Schleyer: »Ich denke, die haben mich gebraucht, weil ich organisieren konnte [...] ich war damals mindestens so überzeugt von der nationalsozialistischen Idee, wie Sie es offenbar noch heute von der kommunistischen sind.«

RAF: »Sind Sie [...] direkt in die SS hinübergewechselt?«

Schleyer: »Nein, so lief das nicht [...]. Die SS verstand sich ja als eine Art weltanschaulich-militärische Eliteformation innerhalb der NS-Bewegung, die Besten der Besten, [...] die Gralshüter der nationalen Sache und so weiter. Ich habe es damals als eine große Ehre betrachtet, von dieser elitären Bruderschaft die Mitgliedschaft angeboten zu bekommen [...].«

RAF: »Ich denke wirklich, daß viel zu viele der Nazi-Massenmörder [...] einfach so davongekommen sind.«

Schleyer: »Mit dieser moralischen Keule können Sie meine ganze Generation erschlagen! Aber wissen Sie, ohne diese Generation [...] wäre es Ihrer Generation nicht so maßlos gut gegangen.«

Düsseldorf, Landeskriminalamt, gegen 17 Uhr. Chef Hamacher, er hat gerade Besuch von Hirsch, erhält einen Anruf des Bundesinnenministers. Maihofer teilt ihm mit, er solle für die Region Köln »großflächige Fahndungs- und Durchsuchungsaktionen vorbereiten«. Hamacher bespricht sich mit Herold, und weiß schon, wie er die damit zu befassende Sondereinheit nennen wird: Koordinierungsstab.

Und er weiß bereits, wen er mit der Leitung betrauen wird – einen »exzellenten Mann, den besten, den ich habe«. Es ist der Kriminaldirektor Oswald Heuchert, 55. In der Tat, ein hocherfahrener Polizist. Aber auch einer mit Vergangenheit. Als Chef des Staatsschutzkommissariats der Bonner Kripo hatte er Anfang der Sechzigerjahre ein Verhältnis mit einer minderjährigen Sekretärin. Damals begann die Volljährigkeit erst mit 21 Jahren. Das Landgericht Bonn verurteilte ihn wegen »Unzucht mit Abhängigen« zu einer achtmonatigen Freiheitsstrafe, die der Bundesgerichtshof dann aber aufhob: Freispruch. Ein Disziplinarverfahren wurde eingestellt, Begründung: »einmaliges Fehlverhalten«.

Pikant freilich war, dass Heucherts Geliebte zuvor eine Liaison mit dem jungen Jura-Studenten Arthur Köhler hatte – und der, das kam bald ans Licht, arbeitete unter dem Decknamen »Kolb« für das MfS. Im August 1962 wurde Köhler zu zweieinhalb Jahren Gefängnis verurteilt. In der Urteilsbegründung hieß es, die Stasi habe ihn systematisch zu einem »Paradespion« aufbauen wollen.

*

Ost-Berlin, Normannenstraße, das Ministerium für Staatssicherheit. Im »Zentralen Operativstab« werden alle Informationen aufgelistet, die von Zuträgern stammen oder von Lauschern. Berichtet wird über zehn »ausgelöste Kfz-Fahndungen« und präzise Einsätze – etwa in Lüneburg, wo die »Überprüfung von 46 Örtlichkeiten vorgesehen« sei. Oder in Braunschweig. Dort sei »Alarmstufe 1600« ausgerufen worden. In Berlin habe eine »männliche Person« über den Notruf 110 mitgeteilt, er kenne die »Hintermänner von Köln«. Die Stasi benennt Namen und Wohnort des Anrufers und weiß, dass er vorläufig festgenommen wurde. Der Mann, so stellt sich heraus, ist ein Spinner.

8. SEPTEMBER, DONNERSTAG, TAG VIER

Schleyer schreibt im Liblarer »Volksgefängnis« einen Brief an seinen ältesten Sohn Hanns-Eberhard. Der Text sei, formuliert er, »das Produkt der letzten Nacht«, er »entstammt meiner Überlegung« – und das Wort »meiner« ist unterstrichen. Jedoch scheint klar, dass ihn seine Kidnapper zu bestimmten Formulierungen gezwungen haben.

»Das Ziel der Entführer wird sie bei Ablehnung der Forderungen und nach meiner Liquidierung nur veranlassen, das nächste Opfer zu holen. [...] Es gibt, wie man gesehen hat, keinen absoluten Schutz, wenn man so sorgfältig arbeitet wie die RAF. [...] Es wird also dann nicht nur einen Fall Ponto und Schleyer geben, sondern einige mehr. [...] Das sollte Helmut Schmidt ebenso wissen wie Helmut Kohl + HD Genscher. Mein Fall ist nur eine Phase dieser Auseinandersetzung, als deren Gewinner ich [...] nicht das BKA sehe [...].«

Das ist eine Breitseite gegen die Polizei.

»Die politische Verantwortung trägt natürlich Bonn, aber sie unterschätzen dort offenbar die Ernsthaftigkeit + Härte meiner Entführer. Man kann dieses Spiel um Zeitgewinn nicht weitertreiben, weil es auch für die Entführer Zwänge gibt, deren 1. Opfer ich bin.«

Das ist eine Breitseite gegen die Politik.

»Mir geht es gesundheitlich gut. [...] Ich drehe mit Sicherheit nicht durch. Bleibt ihr gesund und optimistisch. Ich war schon oft in schwierigen Lagen + es ist immer gut gegangen.«

Bonn, Kanzleramt, 10.15 Uhr. Der Große Krisenstab tagt. Beschlossen wird auf Anregung von Regierungssprecher Klaus Bölling, dass Presse, Rundfunk und Fernsehen den Fall Schleyer mit »größter Behutsamkeit« behandeln und Informationen, die von der RAF selbst oder

Helfern stammen, »erst nach Konsultationen mit der Bundesregierung verwenden« sollen. Der Deutsche Presserat schließt sich diesem Appell an. Tatsächlich akzeptierten die Chefredakteure diese Form der freiwilligen Selbstzensur, besser: der Nachrichtensperre.[10]

*

Düsseldorf, Landeskriminalamt, 14 Uhr. Der Koordinierungsstab konstituiert sich. Sein Hauptquartier ist das Kölner Polizeipräsidium am Waidmarkt, die Mannstärke: 100 Beamte, in Dreiergruppen aufgeteilt. Die Aufgabe: alle eingehenden Hinweise auf »Personen und Objekte im Raume Köln« zu analysieren und »verdeckt« abzuklären, »um erforderliche Erkenntnisse für Exekutivmaßnahmen beizubringen«. Exekutivmaßnahmen, das heißt: Durchsuchungen. Wenn nötig und der Lage angemessen, auch ohne richterlichen Beschluss. Im Gesetz steht für solche Fälle: »bei Gefahr im Verzug«. Ein Codewort wird vereinbart: »Vollkontrolle«. Am Ende sind es erstaunlich wenige Fernschreiben, die anlanden werden: gerade mal 30.

Heucherts Sondertruppe stehen mindestens zwei PIOS-Terminals zur Verfügung. Es gibt die »strikte Weisung« (Innenminister Hirsch), alle Namen, die in diesen Telexen genannt werden, bei PIOS abzufragen.

Bonn, Kanzleramt. Ab 17 Uhr tagt der Kleine Krisenstab. Kurz nach halb sieben kommt Innenstaatssekretär Siegfried Fröhlich hinzu. Der Kanzler hatte ihn zwei Tage zuvor beauftragt, Lösungsvorschläge zu erarbeiten, auch »exotische Vorschläge«. Er solle doch »das Undenkbare denken«. Den Ort der Klausur, in dem Fröhlich mit Ministerialen und Geheimdienstlern tagte, nannte er »Spinnstube«.

[10] Diese Nachrichtensperre aus Gründen der Staatsräson war die Motivation für Hunderte von Linksalternativen, bald schon in Berlin die *tageszeitung* (*taz*) zu gründen.

Jetzt präsentiert er neun »Modelle«, wie der Staat dieser Herausforderung begegnen könne. Eine Überlegung ist, die Terroristen tatsächlich freizulassen, sie aber in einer Flugzeugdoublette »einzubunkern«. Am verlangten Zielort würde ein zweites Flugzeug mit »gedoubelten« Häftlingen landen. Auch könne, trägt Fröhlich vor, mit »Repressalien« gegen Angehörige der RAF-Leute gedroht werden. Modell 6 sieht vor, Artikel 102 des Grundgesetzes (»Die Todesstrafe ist abgeschafft«) zu ändern und »solche Personen« zu töten, »die von den Terroristen durch menschenerpresserische Geiselnahme befreit werden sollen. Durch höchstrichterlichen Spruch wird das Todesurteil gefällt.«

Alle Vorschläge fallen durch, keines der Modelle sei »operativ abzurufen«, bestimmt Schmidt. Aber: »Man kann weiter nachdenken.« Und der Gedanke an das Undenkbare bleibt in den Köpfen hängen – Standrecht, Ausnahmezustand, Kriegsrecht. Noch ein Wort: Folter. CSU-Chef Franz Josef Strauß sagt: »Wir haben doch auch Geiseln« – und jeder weiß, was damit gemeint ist, nämlich Exekution. In die Semantik des Schreckens dringen solche Töne auch von außen, und sie sind durchaus populär. So schlägt Hessens rechtslastiger CDU-Chef Alfred Dregger ein »Terroristen-Jagd-Kommando« vor: Feuer frei.

Ein Ergebnis gibt es doch an diesem Tag. Herold wird beauftragt, Anwalt Payot als Vermittler einzuschalten. Der sagt auch zu, betont aber in einer Erklärung, er habe kein Mandat der Polizei, sondern vom Bundeskanzler selbst. Die Entführer, die ursprünglich keine »Kontaktperson« wollten, akzeptieren schließlich. Der Umweg über die Schweiz hat für die Fahnder erhebliche Vorteile. Er bringt nochmals Zeitgewinn – und vor allem die Möglichkeit, Payots Telefon anzuzapfen. Kurt Furgler, der Schweizer Bundesrat (also Minister) für das Justiz- und Polizeidepartement, gibt sein Plazet.

Sobald Payot telefoniert, wird das Gespräch durchgeschaltet auf einen Apparat in der Godesberger BKA-Dependance.

*

Die Stasi meldet intern, »vermutlich in den Morgenstunden« sei mit der »Erstürmung eines ausfindig gemachten Objekts« zu rechnen. Möglicherweise werde »dann ein dramatisches Ereignis« eintreten. Zwar wird kein Ort genannt. Aber alles deutet darauf hin, dass Köln gemeint ist – genauer: eine alte Villa im Uni-Viertel, Weyertal 127.

Es hatte im Laufe des Tages einen sehr konkreten Hinweis auf dieses Objekt gegeben. Am späten Abend, hieß es in einem vertraulichen Polizeibericht, »verstärkten sich die Verdachtsmomente«. Alles spräche dafür, »dass Dr. Schleyer in der abgedunkelten Souterrainwohnung gefangen gehalten werde«. Während die GSG 9 heranrückt, sichern Kripochef Manfred Gundlach und einer seiner erfahrensten Kommissare mit gezückten Pistolen den Flur oberhalb der Wohnung.

9. SEPTEMBER, FREITAG, TAG FÜNF

Köln, Uni-Viertel. Um 4.50 Uhr stürmt ein GSG-9-Trupp das Haus Weyertal 127. Die Wohnung ist leer. Aber der Ofen noch warm.

Bonn, die Redaktion der Presseagentur afp, 7.05 Uhr. Ein Eilbrief der Entführer, es ist bereits die fünfte Nachricht, geht ein: »Wir fordern zum letzten Mal: 1. Bis heute Abend, 20 Uhr, ist die politische Entscheidung der Bundesregierung öffentlich bekanntzugeben. 2. Bis Freitag, 10.00 Uhr morgens, läuft die Bestätigung durch einen der Gefangenen. 3. Bis 12.00 Uhr mittags ist der Abflug der Gefangenen in einem vollgetankten Langstreckenflugzeug der Lufthansa gelaufen, der über TV direkt übertragen wird.«

Um zu belegen, dass dieses Schreiben tatsächlich vom »Kommando Siegfried Hausner« stammt, wird »zur Identifikation« – wie auch vorher schon (und auch später) – kurz eine Episode geschildert, die nur Schleyer und dessen Familie kennen können: »Welches Glück, dass der Spiegel, der in unserer Offenburger Wohnung in das Kinderbett von Arnd fiel, ihn nicht erschlagen hat.«

Ab jetzt aber werde es »von uns keine Erklärungen geben, bevor die Gefangenen nicht abgeflogen sind«. Keine Erklärungen mehr – diese Taktik hält die RAF nicht durch.

Hürth, Kreishaus. Ab 8.30 Uhr sitzen alle wichtigen Polizisten des Erftkreises zusammen. Über Stunden filtern sie heraus, welche Objekte dem Koordinierungsstab, der gerade im Kölner Polizeipräsidium eingerichtet worden ist, gemeldet werden sollen. Auch ein Einsatzkonzept »Schlagartige Überprüfungen« wird beschlossen. Für jedes Objekt sind neun Schutzpolizisten und vier Kripobeamte vorgesehen, Truppführer sollen »ortskundige Beamte des gehobenen Dienstes« sein. Die Bewaffnung: Dienstpistolen, Maschinenpistolen. Zur Unterstützung sind 22 Hundertschaften der Bereitschaftspolizei eingeplant.

Jeder dieser Trupps erhält einen schriftlichen Einsatzbefehl: »Observation, Absperrung, Überprüfung, freiwillige ggf. zwangsweise Durchsuchung [...] im Hinblick auf mögliche Unterbringung der Geisel Schleyer. Feststellung und Überprüfung angetroffener Personen. Nachschau nach verdächtigen Gegenständen, ggf. deren Sicherstellung [...].«

Bonn, Kanzleramt, 10 Uhr. Das Kabinett tagt. Der Kanzler berichtet über die Sitzung der letzten Nacht, die Nacht der »Modelle«. Sie habe »genützt«, er sei »mit dem Ablauf zufrieden«, auch wenn keines der »Modelle« Beachtung finden wird. Offenbar schien ihm wichtig, Limits zu erkennen. Denn er sagt auch: »Der Staat muss bis an die Grenzen des Rechtsstaats gehen.« Was die Kontaktsperre anbelangt, wird er diese Grenze bald überschreiten – indem erste Gerichtsentscheidungen, die ein solches Vorgehen für rechtswidrig erklären, glattweg ignoriert werden. Die Exekutive schlägt die eigentlich unabhängige Judikative. So etwas hat es in der Bundesrepublik noch nie gegeben.

Düsseldorf, die Zentrale der Flick KG im linksrheinischen Oberkassel, 13.57 Uhr. Ein junger Mann in grauem Anzug, dunkles, krauses Haar, gibt beim Pförtner einen Brief ab, sagt höflich: »Leiten Sie ihn bitte weiter an Herrn von Brauchitsch.« Der Geschäftsführer des Flick-Konzerns, Kürzel: vB, ist ein guter Freund von Schleyer. Der schreibt in dem Brief: »Die Ungewissheit ist in meiner Lage natürlich scheußlich. Wenn Bonn ablehnt, dann sollten sie es bald tun [...]. An der Entschlossenheit meiner Entführer [...] besteht für mich nicht der geringste Zweifel. Vielleicht ist die Entscheidung gefallen, wenn Dich der Brief erreicht.«

Ein Spezialist des LKA versucht zusammen mit Eberhard von Brauchitsch Begrifflichkeiten zu finden, die Schleyer als verdeckte Informationen für die Polizei benutzt haben könnte. Er hat zwei Formulierungen verwendet, die eigentlich in den Kontext des Briefes nicht passen: »unser Urlaubsort« und »Dreiecks-Kontakt«. Der Flick-Mann überlegt: Ja, sie hätten mal ein paar Tage im Schloss Auel nahe Lohmar im Bergischen Land verbracht, auf dem Weg dorthin habe er das Kölner Autobahndreieck Heumar passiert. Vielleicht habe Schleyer so andeuten wollen, dass er nicht in einer großen Stadt gefangen gehalten werde. Das Briefpapier, ergibt eine schnelle Analyse, sei ein Schweizer Produkt von »allerbester, äußerst seltener Spitzenqualität«. In der Bundesrepublik vertreibt es nur eine Firma – sie sitzt in Köln.

Eberhard von Brauchitsch sei »aufgewühlt« gewesen, schreibt sein Biograf Joachim Feyerabend. »Wie andere Vertreter der Industrie glaubt auch er, dass etwas geschehen muss.« Er will helfen. Und wenn es auf eigene Faust ist. Der knapp zwei Meter große Hüne ist kein ängstlicher Typ. Er war, als Student, ein sehr guter Boxer.

Hürth, Kreishaus, später Nachmittag. Die Entscheidung ist gefallen. Um 17.30 Uhr geht ein langes Fernschreiben heraus, Nummer 827. Es ist an drei Adressaten gerichtet: an den Koordinierungsstab, an die Polizeiabteilung des Regierungspräsidiums sowie – »nachrichtlich« – an alle Polizeidienststellen, die dem Oberkreisdirektor unterstehen.

Unter Punkt 3 – »Einschlägig verdächtige Objekte« – sind acht aufgeführt, gelistet von a bis h. Eines in Frechen-Königsdorf, eines in Brühl, eines in Hürth-Alstädten. Fünf in Erftstadt. Position d: die Wohnung 104 in der Straße Zum Renngraben. Zwar fehlt die Hausnummer. Aber das ist deswegen unerheblich, weil es hier, außer diesem Riesenklotz, nur Einfamilienhäuser gibt. Also muss es die Nummer 8 sein.

Wohnung 104, das »Volksgefängnis«.

Der Koordinierungsstab hat keinen eigenen Fernschreibanschluss. Deswegen läuft das Telex, wie vereinbart, zuerst bei der allgemeinen FS-Stelle im Polizeipräsidium auf und wird dann ans 14. K., das Staatsschutz-Kommissariat, weitergeleitet. Es ist abgesprochen, dass jedes hier angelandete Fernschreiben erst einmal der im Hause eingerichteten Soko 77, die von einem BKA-Kriminaldirektor geleitet und von zahlreichen örtlichen Beamten unterstützt wird, weiterzureichen sei. Das erledigt am Abend, gegen 20.30 Uhr, der Kriminalhauptmeister Konrad Schmidt.

Ein Telex besteht aus drei Teilen – Original, zwei Durchschläge. Die Drittschrift heftet Schmidt »zur karteimäßigen Überprüfung auf etwa vorhandene Erkenntnisse« (Vermerk) im Geschäftszimmer ab, Stichwort »Bürofahndung«. Auf die beiden anderen Blätter schreibt er »Soko« – und bringt sie auch dorthin: zwölf Stockwerke runter mit dem Lift, Quertrakt, Zimmer 161. Der BKA-Kollege, Kommissar *Jürgen Scharrenbroich*, sagt zu Schmidt: »Schmeiß dahin, zu den anderen Sachen.«

Eine gute Stunde später trifft ein weiteres, ebenfalls an den Koordinierungsstab gerichtetes Fernschreiben aus Hürth ein, als »Nachtrag« zur Nummer 827. Auch dieses, es trägt die Nummer 843, bringt Schmidt runter zur Soko. Für Papiere, die in das nur wenige Meter entfernte Büro des Koordinierungsstabs sollen, gibt es dort ein eigenes Ausgangskörbchen.

Scharrenbroich liest beide Dokumente und entscheidet, den Teil 4 (»Sonstige tatrelevante Beobachtungen«) des Fernschreibens 827 abzutrennen – um ihn tags drauf um 16 Uhr an die Terrorismus-Abteilung in Bad Godesberg zu senden. Die anderen Teile legt er hingegen in den »Ausgang«. Mit der ergänzenden Meldung Nummer 843, die die vermeintlich verdächtigen Objekte nicht mehr auflistet, verfährt er anders – er legt sie komplett dort hinein. Am Morgen gibt ein Beamter des Koordinierungsstabs dieses Fernschreiben an die Soko zurück. Offenbar fiel es nicht in die Zuständigkeit der Heuchert-Truppe.

Das Fernschreiben 827 aber ist weg. Verschwunden. Irgendwie. Was auf den ersten Blick als eher lässliches Detail erscheinen mag, ist von dramatischer Bedeutung. Hier, auf dem kurzen Weg von Zimmer 161 zum Koordinierungsstab, verliert sich die Spur des wohl wichtigsten Fernschreibens der deutschen Kriminalgeschichte. Und so ist auch die Chance vertan, bei PIOS den Namen Lottmann-Bücklers abzufragen.

*

Die Stasi meldet an diesem Tag, »Spezialkräfte des Mobilen Einsatzkommandos Kiel (Spezialisten zur Terroristenbekämpfung) in der vermutlichen Stärke 1:9« würden »in den Raum Köln verlegt«, für den Bundesgrenzschutz im hessischen Raum sei die »höchste Alarmstufe ausgelöst« worden. Außerdem werde eine »Ausreisekontrolle für den Eisenbahn-, Straßen-, Flug- und Schiffsverkehr vorbereitet«, Deckname: »Riegel«.

10. SEPTEMBER, SAMSTAG, TAG SECHS

Bonn, die Hauptstadt, ist seit Wochenbeginn ein Bollwerk. Stacheldrahtverhau, Wälle aus Sandsäcken. Doppelpatrouillen mit Hunden, Polizisten zu Pferde, in Streifenwagen, Mannschaftswagen, Schützenpanzerwagen. Auf den Dächern im Regierungsviertel sind Scharfschützen postiert. Man fahre »durch ein Heerlager«, es fehlten »nur noch Schlagbaum und Ausweiskontrolle«, schreibt der *Spiegel*-Reporter Jürgen Leinemann, überall »pathetische Militanz«. Wenn etwa CSU-Chef Strauß in seine Limousine steigt, »gehen gleich sechs Maschinenpistolen hoch«.

Mancher Parlamentarier befürchtet, die Feste Bonn könne eher lächerlich als abschreckend wirken. »Es wird mehr individueller Mut gebraucht als Panzerplatten«, sagt der Sozialdemokrat Dieter Lattmann. Und Jürgen Todenhöfer von der CDU findet: »Es ist wohl auch Anmaßung, wenn wir Politiker so auffällig dokumentieren, daß wir mehr für unsere Sicherheit tun als Unternehmer, Bankiers, Verleger und der Rest der Deutschen, die genauso gefährdet sind [...].«

Stuttgart, Landtag, 10 Uhr. Staatsakt für die drei ermordeten Polizisten Brändle, Pieler und Ulmer. Ministerpräsident Filbinger hält die Trauerrede. Er ist bewegt, erschüttert. Am letzten Samstag noch hatte er sie alle auf dem Grillfest gesehen. Mit ihnen gegessen, Wein getrunken, mit ihnen gelacht. Und Federball gespielt mit den Kindern.

Filbinger geißelt das Blutbad von Köln als »Attentat auf unsere freiheitliche Ordnung und unsere Rechtsgemeinschaft«. Und attackiert all jene, die seiner Meinung nach »für die Terroristen Verständnis zeigen, sie moralisch rechtfertigen oder ihre Taten herunterspielen«. Leute vom Schlage eines Heinrich Böll also, Theologen wie

Kurt Scharf und Helmut Gollwitzer. Genau die appellieren gemeinsam mit Pfarrer Heinrich Albertz, dem früheren Berliner Regierenden Bürgermeister, tags drauf an Schleyers Entführer, ihr »mörderisches Tauschgeschäft von Menschenleben zu Menschenleben« endlich aufzugeben. »Seien Sie sich klar, daß weiteres Töten alles vernichtet, was sie erreichen wollen, und unabsehbare Folgen für unser Land haben wird, auch für ihre Freunde in den Gefängnissen!«

Nach der Trauerfeier ziehen 6000 Menschen mit dem Ministerpräsidenten an der Spitze in einem Schweigemarsch durch die Stuttgarter Innenstadt.

Düsseldorf, Landeskriminalamt. Chef Hamacher fasst in einem Vermerk zusammen: »Die Vorbereitungen für einen [...] Exekutivzugriff sind in vollem Gange. [...] Die Exekutivmaßnahmen müssen in abgestufter Form je nach Verdachtslage erfolgen.« Und listet alle Möglichkeiten auf: »Festnahmen, Vorführungen, Durchsuchungen, Befragungen, offenkundige Observationen, verdeckte Observationen«. Aus der bislang »verdeckten Fahndung« heraus könne, bei Bedarf, sofort ein »exekutiver Zugriff« erfolgen. Stichwort: »Vollkontrolle«.

Metzkausen bei Düsseldorf, vormittags, ein Bauernhof. Hier wohnt Eberhard von Brauchitsch mit seiner Familie. Staatsminister Hans-Jürgen Wischnewski hat sich ganz kurzfristig angesagt. Er fragt: »Können Sie sich vorstellen, ohne offiziellen Auftrag mit Payot zu verhandeln?« Der Kanzler habe nichts dagegen, wenn sich ein Mann der Industrie »in die Szene einmischt«. Möglicherweise akzeptierten die Entführer ein Lösegeld »aus Wirtschaftskreisen«. Die Sache sei nicht »ungefährlich«, Bonn würde »dementieren, je mit Ihnen gesprochen zu haben. Sie handeln auf eigene Faust.« In der Politik heißt ein solcher Kontakt Back Channel, hintenherum, außerhalb des Protokolls.

Von Brauchitsch überlegt keine Sekunde. Zwar fragt er noch, typisch Unternehmer, ob mögliche »Kosten« steuerlich absetzbar seien. Aber dann ruft er sofort Payot an – und fliegt am Nachmittag noch mit einem gecharterten Learjet nach Genf. Friedrich Karl Flick, der Chef, nickt alles ab und gibt »vB« in finanzieller Hinsicht freie Hand für die Aktion »Peter«. So wird sie von den ganz wenigen genannt, die eingeweiht sind.

Am Flughafen holen drei Männer von Brauchitsch ab und bringen ihn, vorbei an Polizei und Zoll, in ein Hotel. Dort trifft er den Anwalt. Die deutsche Wirtschaft sei bereit, ein Lösegeld zu zahlen, teilt er mit. Payot will wissen, wie groß denn der finanzielle Spielraum für die Vorbereitung sei. Er müsse nach Nordafrika fliegen, »um den Vorschlag zu besprechen. Sind Sie bereit, die Aufwendungen zu erstatten?« – »Ja!«

Den Schleyer-Vertrauten zu kontaktieren, dies war auch aus Sicht der Entführer durchaus ein schlauer Gedanke. Wisniewski, der bei den Kölner Morden Befehlsgeber gewesen war, sagte später, dass es nach einer Millionenzahlung von Industriellen an die RAF vielleicht die Möglichkeit gegeben hätte, doch noch aus der »tödlichen Logik der Aktion« auszubrechen. Er dachte wohl, dieses Geld könnte früheren Zwangsarbeitern zugutekommen, die ab 1942 dafür gesorgt hatten, dass die reichsdeutsche Wirtschaft während des Krieges nicht zusammengebrochen war. Dafür hatten unter meist widrigsten Bedingungen KZ-Häftlinge, Juden, Kriegsgefangene geschuftet. Wohl 30 000 allein bei Daimler-Benz, wie spätere Recherchen zutage förderten. Wisniewskis Vater, ein Pole, gehörte zu diesem Heer von Zwangsarbeitern.

Genf, die Kanzlei Payots, 23.35 Uhr. Zum ersten Mal meldet sich ein Mitglied des RAF-Kommandos. Es ist Silke Maier-Witt. Sie fordert, dass »bis Sonntagabend, 18 Uhr [...] einer der Gefangenen im Deutschen Fernsehen aufzutreten und zu erklären« habe, die »Vorbereitungen für den Abflug« seien »im Gange«. Letzter Zeitpunkt des Starts: Mitternacht. Nach Ankunft am »Flugziel« würde Baader »einen Satz sagen«, der ein ganz bestimmtes Wort enthalte. Ein Wort, das nur er und das Kommando kennen. Danach werde Schleyer freigelassen: »Was den Ablauf dieser Ausführungen betrifft, ist jeder Kompromiss ausgeschlossen.«

Die BKA-Leute hören jedes Wort mit. Live.

Bald schon teilt Payot dem Flick-Manager mit, es seien »gewaltige Kosten entstanden«. Außerdem müsse ein Honorar »im Erfolgsfall« vereinbart werden. Von Brauchitsch sichert eine halbe Million D-Mark zu plus 25 000 D-Mark Spesenpauschale. Das Honorar will der Flick-Mann persönlich übergeben. Als BKA-Chef Herold davon erfährt, verbietet er diese Reise: »Notfalls lasse ich Sie festnehmen!« An seiner Stelle fliegt ein BKA-Beamter, den von Brauchitsch als seinen Assistenten ankündigt – er sei krank und dürfe nicht reisen.

Payots Leuten gelingt es, den Polizisten zu enttarnen. Wütend ruft der Anwalt in Metzkausen an: »Sie haben mir einen Agenten geschickt.«

*

Die Stasi registriert, dass im Grenzgebiet zur DDR und zur ČSSR unter der Chiffre »Wanderfalke« auf Autobahnen, Bundesstraßen und Parkplätzen Kontrollpunkte eingerichtet würden. Kräfte des Mobilen Einsatzkommandos aus Rheinland-Pfalz seien »im Stadtgebiet von Frankfurt/M eingesetzt. Sie überwachen konspirative wahrscheinlich anarchistische/linksextremistische Objekte.«

Und sie hört mit, als ein Mann aus dem saarländischen Homburg der Kölner Polizei am Telefon berichtet, er habe in Vaison-la-Romaine, das tief im Süden Frankreichs liegt, »Personen erkannt, die im Zusammenhang mit der Entführung Schleyers bearbeitet würden«. Das Präsidium am Waidmarkt ist ein ganz wichtiges Zielobjekt für die Horcher des MfS. Weil dort die Soko 77 sitzt. Und der Koordinierungsstab.

11. SEPTEMBER, SONNTAG, TAG SIEBEN

Hürth, Kreishaus, vormittags. Alles ist vorbereitet für die Aktion »Vollkontrolle«. Aus den Polizeistationen des Erftkreises hat Schupo-Chef Biemann Maschinenpistolen und Funkgeräte bringen lassen. Die einzelnen Zugriffstrupps stehen. In Erftstadt ist Hauptkommissar Breithaupt der sogenannte ortskundige Führer. Ganz oben auf der Liste: das Hochhaus Zum Renngraben.

Vor Ort, in Zivil, checkt er die Lage. Mit einem Kollegen schleicht sich Breithaupt durchs offene Rolltor der Tiefgarage, beide schauen sich im Keller um und fahren dann mit dem Aufzug in den dritten Stock. Im Flur sind es 14 Meter bis zur Wohnung 104. Langsam tastet sich Breithaupt voran. Der Kollege bleibt zurück, um ihm, wenn nötig, Feuerschutz geben zu können.

Der Hauptkommissar horcht kurz an der Wohnungstür. Kein Laut. »Von dem Herrn Schleyer«, sagte er später und breitete dabei die Hände aus, »war ich nur so'n Stück entfernt.« Zu klingeln, das wagt er nicht: »Wäre doch viel zu gefährlich gewesen.«

Boock berichtete, dass es an einem der Tage, als er – alleine – Schleyer bewacht habe, tatsächlich geklingelt habe. Erst an der Tür gegenüber, dann bei ihnen. Er habe seine Waffe durchgeladen und Schleyer bedeutet: »Keinen Mucks!« Ein paar Minuten habe Schweigen geherrscht. Schleyer habe, so Boock, gefragt: »Darf ich jetzt wieder reden?« – »Ja, okay, klar. Ich hab' das Gefühl, die sind weg.«

Unvermittelt habe Schleyer gesagt: »Hättest du mich erschossen?« – »Er hat damit genau den Punkt getroffen. Aber ich durfte mir das jetzt um keinen Preis anmerken lassen.« Boock antwortete angeblich: »Ja, selbstverständlich. Was dachtest du denn?«

Es kann sein, dass diese Episode – Boocks Glaubwürdigkeit hin oder her – sich wirklich so zugetragen hat. Irgendwann an jenem Wochenende nämlich will auch Hauptmeister Schmitt, der die Spur aller Spuren entdeckte, entgegen der Weisung seines Chefs an der Tür zur Wohnung 104 gestanden und geklingelt haben, »zur Tarnung ein paar Zeitschriften« unterm Arm. »Ich konnte das Warten nicht mehr aushalten. Ich hätte so gerne dem befreiten Herrn Schleyer die Hand gedrückt.« Aber nichts habe sich gerührt.

Die *Bild am Sonntag* aus dem Hamburger Springer-Verlag veröffentlicht eine Erklärung von Schleyers Frau Waltrude. »Ich hoffe inbrünstig mit meinen Kindern, daß alles gut ausgeht und mein Mann bald wieder bei uns sein kann. Mein Mitgefühl gilt aber auch den Angehörigen der Männer, die meinen Mann begleitet haben und dabei ihr Leben lassen mussten. Ihnen fühle ich mich besonders verbunden.«

Bonn, Kanzleramt, 16.45 Uhr. Erst tagt der Kleine Krisenstab, dann der Große. Helmut Schmidt spornt die Fahnder an: »Ich hoffe, dass es euch gelingt, den Platz zu finden, wohin sie Schleyer gebracht haben.«

Dann wird die Forderung der Entführer diskutiert, einer der Gefangenen solle im Fernsehen auftreten. »Unter keinen Umständen«, sagt SPD-Fraktionschef Wehner. CDU-Mann Kohl teilt Wehners Meinung. Es kämen sonst wohl »noch fürchterliche Schläge« mit »grauslichem Ausgang«, ahnt er. »Die können uns noch die Exekution auf dem Film vorführen. Denen kommt es nur auf die Demütigung des Staates an.«

Das Ergebnis einer Umfrage wird veröffentlicht. Die Zahl der Bundesbürger, die der Wiedereinführung der Todesstrafe das Wort reden, wenn es um Morde bei Terroranschlägen geht, ist stark gestiegen – von 44 Prozent unmittelbar vor Schleyers Entführung (1976: 34 Prozent) auf nunmehr 67 Prozent. Knapp 40 Prozent der Befragten sind dafür, den Forderungen der Terroristen Folge zu leisten und die RAF-Häftlinge im Tausch gegen die Geisel freizulassen.

Köln, Regierungspräsidium, 19.34 Uhr. Mit dem »Einsatzbefehl Nr. 2« wird offiziell die Überprüfung und Durchsuchung aller Objekte freigegeben, sobald das Kommando »Vollkontrolle« erfolge. Der Koordinierungsstab hat etliche Ziele in einer Liste erfasst. Was fehlt, klar: all jene acht verdächtigen Objekte, die im Fernschreiben 827 notiert sind. Damit auch das »Volksgefängnis«.

12. SEPTEMBER, MONTAG, TAG ACHT

Springers *Bild* veröffentlicht einen weiteren Appell von Waltrude Schleyer. Es seien »viele Tage des Hoffens und Bangens um das Leben meines Mannes« vergangen, schreibt sie, »sämtliche Bemühungen um seine Freilassung sind bisher erfolglos gewesen«. Jetzt verlangten »das Schicksal der unmittelbar Betroffenen und die Selbstachtung des Staates eine klare Entscheidung«.

Die Schlagzeile lautet: »Tauscht ihn aus!«

Düsseldorf, gegen 11 Uhr. Im Hotel Breidenbacher Hof an der Königsallee drückt ein junger Mann in blauem Anzug dem Chefportier einen Brief in die Hand, gibt ihm 5 D-Mark Trinkgeld und sagt, »Herr von Brauchitsch« werde das Kuvert »gegen Mittag« abholen. Etwa eine Stunde später wird an der Rezeption des fast benachbarten Parkhotel ein zweiter Brief der Entführer hinterlegt.

Sie legitimieren sich, wie gehabt, mit Insiderwissen: »Heute wäre der Geburtstag meiner Cousine Anni Müller, sie ist 1904 in Würzburg geboren.« Und setzen ein weiteres Ultimatum – bis Mitternacht habe die Regierung zu entscheiden, »ob sie den Austausch will oder nicht«. Falls sie auch dieses »schweigend übergehen« wolle, müsse »sie die Konsequenzen tragen«.

In einem der Umschläge steckt ein Tonband, das Schleyer für seinen Freund Helmut Kohl besprochen hat. Es ist das Zeugnis eines Mannes in Lebensgefahr, der der Bundesregierung und BKA-Chef Herold bittere Vorwürfe macht – mit Sicherheit haben die RAF-Strategen an den Formulierungen mitgearbeitet. »Ich habe nie um mein Leben gewinselt«, sagt Schleyer. »Ich habe immer die Entscheidung der Bundesregierung [...] anerkannt. Was sich aber seit Tagen abspielt, ist Menschenquälerei ohne Sinn. Es sei denn, man versucht, mit naiven Tricks meine Entführer zu fangen. [...] Ich bin nicht bereit, lautlos aus diesem Leben abzutreten, um die Fehler der Regierung, der sie tragenden Parteien und die Unzulänglichkeiten des von ihnen hochgejubelten BKA-Chefs zu decken.«

Als das Band am Abend im Großen Krisenstab abgespielt wird, verlässt Herold den Raum. Zum ersten Mal gerät er aus der Fassung, fast kollabiert sein Kreislauf: »Das hat mich geschmissen.« Auch Kohl – »Die Tonbandaufzeichnung traf mich ungemein hart« – und Maihofer gehen. Im Lagezentrum des Bundesinnenministeriums hören sich beide das Band noch einmal an. Maihofer fürchtet wohl, Kohl würde seine Haltung aufgeben, fragt: »Na, und jetzt?«

Der CDU-Chef bleibt beim Nein – kein Austausch. Wäre Kohl, der mächtige Oppositionsführer, wankelmütig geworden, hätte die Regierung sich wohl auf den Deal einlassen müssen, so die Ansicht Maihofers: »Eine staatsmännische Haltung.«

Danach eskaliert im Großen Krisenstab die Debatte. Kohl sinniert über »Möglichkeiten der Drohung«. Er ist dafür, »Druck auszuüben«, und spricht von »Repressalien«: »Auch die Gefangenen sind ein Pfand.« Der Kanzler kontert, in seiner Anwesenheit über so etwas zu reden, sei »unfruchtbar«. Ob ernst zu nehmen ist, was der CSU-Vorsitzende Strauß an diesem Tag angeblich einfordert, wird vielleicht erst zu klären sein, wenn irgendwann Volker Busses Wortprotokolle öffentlich werden. Klaus Bölling, Schmidts Regierungssprecher, erinnerte sich, der eruptive Barockmensch aus Bayern habe erklärt, »dass die RAF einen ›Kombattantenstatus‹ beanspruche, den einer ›kriegsführenden‹ Partei. Wenn man sich darauf einlasse, könne man nach jedem neuen RAF-Mord einen der Terroristen ›standrechtlich‹ erschießen.«

Für ihn, sagt Bölling, sei das nur eine »krude Pointe« gewesen, die rasch vom Tisch gewischt wurde. Andere Teilnehmer der Runde hingegen glauben, Strauß habe sehr wohl gewusst, was er sagte. Immerhin sieht er sich veranlasst, am späteren Abend klarzustellen, er habe nicht gemeint, RAF-Leute »stundenweise zu erschießen«. Der Kanzler, scharf: Er könne und dürfe sich zu »verfassungswidrigem Handeln nicht bereit finden.« Und doch redigiert er persönlich den Entwurf eines Herold-Textes, mit dem die Entführer unter Druck gesetzt werden sollen: »BKA geht von der Erwartung aus, dass sich die Entführer bewusst sind, dass die Tötung von Schleyer oder eine neue Gewalttat oder der Abbruch der Kontakte auf das Schicksal der ihnen befreundeten Angeklagten und Häftlinge zurückwirken muss.«

Anders gesagt: Auch Schmidt ist dafür, mit Repressalien zu drohen – eigentlich ein Akt wider alle rechtsstaatlichen Prinzipien.

*

Das MfS stellt überraschend den Rhythmus seiner internen, streng geheimen Informationsblätter (»Hinweise über Fahndungsmaßnahmen«) um. Aus der bisherigen Berichterstattung im 48-Stunden-Turnus wird eine wöchentliche. Es scheint so, als habe sich aus Sicht der Stasi-Oberen die Gefährdungslage für ihre im »Operationsgebiet« arbeitenden Agenten ein wenig geändert. Entspannt.

13. SEPTEMBER, DIENSTAG, TAG NEUN

Das Gefängnis in Stuttgart-Stammheim, 9 Uhr, Besucherzimmer. Andreas Baader sitzt mit Bundesanwalt Gerhard Löchner und dem BKA-Hauptkommissar Alfred Klaus zusammen. Schon früh hatte Klaus versucht, durch intensives Aktenstudium die Gedankenwelt der Terroristen zu begreifen. Und da er auch des Öfteren mit deren Angehörigen sprach, hieß er in der Szene »Familienbulle«. Klaus war zu dieser Zeit, ohne Zweifel, der beste RAF-Kenner im Bundeskriminalamt.

Jetzt soll er, in Herolds Auftrag, herausfinden, in welches Land die Häftlinge ausgeflogen werden möchten – wenn denn der Deal zustande kommt. Klar, dass man sich als Erstes an Baader, den Boss, wendet. Zunächst versucht er, Löchner und Klaus auszufragen. Beide geben sich wortkarg. Dann erklärt Baader überraschend: »Wenn ein Austausch erfolgt, dann kann die Bundesregierung damit rechnen, dass die Freigelassenen nicht in die Bundesrepublik zurückkehren. Eine Wiederauffüllung des Potentials ist nicht beabsichtigt.« Von Baaders »ehedem anmaßender Haltung«, notierte Klaus, sei »nichts mehr zu spüren« gewesen.

Der BKA-Mann hat hektografierte Fragebögen mitgebracht. Nach einigem Zögern schreibt Baader hinter die Frage »Sind Sie bereit, sich ausfliegen zu lassen?« ein »Ja«. Als mögliche Ziele nennt er Algerien und Vietnam, nach kurzer Bedenkzeit auch Libyen, Irak, die Volksrepublik Jemen. Auch die anderen zehn Gefangenen werden befragt. Vier lehnen es ab zu antworten. Die übrigen wollen einen Zielort erst angeben, wenn sie sich untereinander abgestimmt haben.

Das alles passt in Herolds Strategie, Zeit zu gewinnen für die Fahndung. Baader hat fünf Länder ins Gespräch gebracht. Also muss mit fünf Regierungen verhandelt werden, jedenfalls pro forma. Je mehr Länder, desto besser. Das alles dauert.

Köln, der Nordfriedhof im Stadtteil Weidenpesch, 11 Uhr. Die Trauerfeier für Heinz Marcisz, Schleyers Fahrer. 3000 Menschen folgen seinem Sarg. Nordrhein-Westfalens Ministerpräsident Heinz Kühn (SPD) sagt, die Terroristen seien »eiskalte Killertechnokraten«, die »zum Geschwür des Unglücks für unser Volk« geworden seien. Gleichzeitig warnt er die Bürger davor, sich in eine »Hysterie hineinterrorisieren zu lassen«.

Bonn, Kanzleramt, gegen 11.15 Uhr. Schmidt ruft Karl Carstens (CDU) an, den Bundestagspräsidenten (und späteren Bundespräsidenten). Er hält es für wichtig, zu Protokoll zu geben, dass er die Verfassung niemals brechen werde – ein ganz außergewöhnlicher Vorgang. Carstens macht sich während des Gesprächs Notizen, die er dann abtippen lässt. Dieser Vermerk findet sich in seinem Nachlass. Es ist, im Krisenstab-Kontext, eines der ganz wenigen Dokumente amtlichen Charakters, die bislang publik geworden sind.

Bei Carstens heißt es kryptisch, der Kanzler habe gesagt, man könne »de lege ferenda« – also erst nach zukünftig geltendem Recht – über »Änderungen des Grundgesetzes sprechen«. Nur ergäben sich hierbei »unübersteigbare Grenzen«. Ergo: Jetzt und hier kommt nur ein verfassungskonformes Vorgehen infrage. Allerdings kollidiert dies mit der Formulierung vom Vortag, die ja als Repressalie gelesen werden muss. Und Carstens notiert die Schmidt-Worte: »Keine nachträgl. Erschießung.« Er setzt sie, offenbar um die Wichtigkeit zu betonen, in rechteckige Klammern.

Das muss also Thema gewesen sein: Racheandrohung, irgendwie.

Kanzleramt, 18 Uhr. Schmidt telefoniert mit Frankreichs Staatspräsidenten Valéry Giscard d'Estaing. Von allen Seiten, sogar von Politikern, werde von ihm verlangt, »Geiselerschießungen an den inhaftierten Terroristen vorzunehmen«, berichtet Schmidt. Er stehe selbst

»im eigenen Lager« unter starkem Druck: »Die öffentliche Meinung befindet sich in einem schrecklichen Zustand.« Giscards Hinweis, in Frankreich werde »intensiv« nach Klaus Croissant[11] gefahndet, mag Schmidt kaum beruhigt haben.

Köln, Regierungspräsidium, 18.42 Uhr. Das mit Aplomb betriebene Unternehmen »Vollkontrolle« wird abrupt beendet, der Koordinierungsstab aufgelöst. Damit ist die Überlegung, eine verdächtige Wohnung wie etwa die im Liblarer Hochhaus spontan (»Gefahr im Verzug«) zu durchsuchen, vom Tisch. Die im Fernschreiben 827 aufgelisteten Objekte, notierte ein Beamter der Polizeiabteilung, seien durch die Soko 77 ausgewertet und dem Generalbundesanwalt zur Prüfung »hinsichtlich strafprozessualer Maßnahmen« vorgelegt worden. Das stimmt mitnichten – und ist auch grob irreführend. Eine Auswertung konnte schon deswegen nicht erfolgen, weil genau dieser Telex-Teil vorher abgetrennt worden war.

Als Kripochef Toni Breuer nachhakt, wann denn mit Ergebnissen zu rechnen sei, wird er »dringend« gebeten, »von weiteren Fragen abzusehen, weil sie zeitlich und organisatorisch nicht zu bewältigen« seien. Fragen stören.

[11] Klaus Croissant (1931–2002) war Scheidungsanwalt in Stuttgart und FDP-Sympathisant, ehe er die Weltsicht linksradikaler Terroristen propagierte und zeitweise als Verteidiger von Baader und Meinhof arbeitete. Seine Kanzlei wurde zu einer Art Rekrutierungsbüro für die RAF. Im Juli 1977 setzte er sich nach Frankreich ab. Nach seiner Festnahme Ende September schoben ihn die Behörden ab. 1979 wurde Croissant wegen Unterstützung einer terroristischen Vereinigung zu zweieinhalb Jahren Gefängnis verurteilt. Nach der Wende kam heraus, dass er als Stasi-Agent seit 1981 versucht hatte, in der Bundesrepublik die linke Szene auszuspionieren. 1993 fiel das Urteil: 21 Monate Haft.

14. SEPTEMBER, MITTWOCH, TAG ZEHN

Flughafen Köln/Bonn, militärischer Teil, acht Uhr. Staatsminister Wischnewski startet nach Algerien und Libyen. Der Flug soll den Entführern signalisieren, die Regierung suche für die Häftlinge ein »Aufnahmeland«. Tatsächlich gehört er in die Szenerie des von Herold eingefädelten Verwirrspiels. Einziger Zweck: Scheinsondierungen.

Genf, die Payot-Kanzlei, 14.26 Uhr. Der Anwalt teilt dem BKA telefonisch mit, das »Kommando Siegfried Hausner« habe einen »Vorschlag« zu machen. Zwei Stunden nach Sendeschluss solle in beiden TV-Hauptprogrammen der Abflug einer Maschine mit den freigelassenen Gesinnungsgenossen übertragen werden.

Offenbar sind Schleyers Kidnapper optimistisch, sie könnten ihr Ziel bald erreicht haben.

Bonn, das Hotel Bristol, gegen 15.30 Uhr. Eine junge Frau, höflich, sicher im Auftreten, sehr gepflegt, drückt einer Angestellten einen Brief in die Hand, sagt: »Ich möchte dies abgeben für Herrn Kohler«, er komme gegen »18 Uhr«. Henry Kohler ist kein Hotelgast, sondern Büroleiter der französischen Nachrichtenagentur afp. Im Kuvert steckt ein Videoband – aufgenommen wohl von Boock in der Liblarer Wohnung 104, wie eine Analyse später zutage förderte.

Schleyer sitzt vor dem RAF-Emblem und schaut in die Kamera. Er prangert an, dass das BKA den »Überfall« den Entführern »sehr leicht gemacht« habe – weil die polizeiliche Arbeit vor »meiner Festnahme am 5. September [...] mangelhaft« gewesen sei. Er sagt tatsächlich: Festnahme. Ein klarer Hinweis darauf, dass, wieder einmal, der Text vorformuliert worden ist. Er spricht von »Tricks« und »Fehlern« des

BKA, was ganz offensichtlich Irritationen in den Krisenstäben auslösen soll.

Und Schleyer ergänzt: »Die Aufspürung meiner Entführer würde allerdings mein Ende sein. Denn die Entführer werden gezwungen, dieses herbeizuführen.« Ein »stilles Ende«, das »als technische Panne ausgegeben werden könnte«.

*

Ein Stasi-Mitarbeiter tippt in ein Formblatt die »Information Nr. 4865«. Gegenstand ist ein auf Kanal 45 abgehörtes und mitgeschnittenes Telefonat. »Der Anrufer informiert den Teilnehmer darüber«, heißt es da, dass »in Düsseldorf ein Tonband der Entführer« abgegeben worden sei. Nicht der Inhalt elektrisiert. Sondern die Tatsache, dass die telefonische Überwachung durch das MfS in diesen Tagen allumfassend ist. Bei den Abgehörten handelt es sich nämlich um zwei Mitarbeiter der Tageszeitung *Welt*. Der eine sitzt in der Bonner Zentralredaktion, der andere im Berliner Korrespondentenbüro.

Alles interessiert. Jede Kleinigkeit. Alles, was irgendwie auch dem Schutz der DDR-Agenten dient.

15. SEPTEMBER, DONNERSTAG, TAG ELF

Genf, die Kanzlei von Payot, 1.29 Uhr. Der Anwalt übermittelt dem BKA eine weitere Nachricht der Entführer, mittlerweile die Nummer 15. Sie erklären sich zu den Routen, die das Flugzeug mit den freizulassenden Häftlingen nehmen solle: »Italien, Jugoslawien, Libyen, Ägypten, Sudan oder die Staaten des Golfes«. Auf keinen Fall »über Israel, Marokko oder Äthiopien«. Und, ganz höflich im Ton: »Im übrigen möchten wir Sie darauf hinweisen, dass Sie die Zielländer, die von den Gefangenen genannt worden sind, um Aufnahme bitten.«

Köln, gegen zwei Uhr. Ein mit Richtantennen ausgestatteter VW-Transporter, ein Peilwagen, der seit geraumer Zeit schon im Raum Braunsfeld umherfährt, stoppt ganz plötzlich auf der Kreuzung Aachener und Kitschburger Straße. Der Tatort, der Ort der Schleyer-Entführung und der vier Morde, ist nur ein paar hundert Meter entfernt. Die Antennen drehen sich, bleiben sekundenlang stehen, drehen sich weiter. Zwei, drei Minuten lang. Auch in anderen Stadtvierteln sind solche Spezialfahrzeuge eingesetzt. Es ist ein Versuch, nicht mehr. So sollen Fernsehgeräte aufgespürt werden, die noch nach Ende der offiziellen Sendezeit laufen. Darunter vielleicht eines, vor dem womöglich die Entführer sitzen.

Bonn, Bundestag, 9 Uhr, Punkt zwei der Tagesordnung: eine Regierungserklärung des Kanzlers. Die eigentlich geplanten Themen – Wachstum, Wirtschaft, Außenpolitik – sind auf Antrag der Opposition gestrichen worden. Den Abgeordneten erläutert Schmidt Sinn und Zweck der beiden Krisenstäbe. Nach diesem »schweren Verbrechen« müsse es selbstverständlich sein, »gemeinsam nachzudenken, gemeinsam zu beraten«; es gehe keineswegs darum, »notwendige Entscheidungen auf so viele Schultern zu verteilen, dass nachträglich die Verantwortlichkeit nicht mehr erkennbar« sei. »Die Tat von Köln ist Mord. Die Täter sind Mörder. Ein Mord, bei dem behauptet wird, er diene einem politischen Zweck, bleibt nichtsdestotrotz Mord.«

Und er sagt, an die RAF gerichtet: »Sie halten sich für eine ausgewählte kleine Elite«, die berufen sei, »die Massen zu befreien. Sie irren sich: Die Massen stehen gegen Sie.«

Flughafen Köln/Bonn, 15 Uhr. Staatsminister Wischnewski kehrt aus Algerien und Libyen zurück.

Bonn-Bad Godesberg, die BKA-Dependance, 19.42 Uhr. Payots Nachricht vom frühen Morgen wird beantwortet: »Erste Befragungen sind im Gange. Abschließende Ergebnisse liegen trotz persönlicher Kontakte auf hoher Ebene noch nicht vor.« Zeitgewinn. Jeder Schritt Zeitgewinn.

DIE VERSCHWUNDENE JACHT

Horst Herold, der Taktiker, ist auch nach gut anderthalb Wochen immer noch fest davon überzeugt, dass Schleyer »in nicht allzu weiter Entfernung vom Tatort« gefangen gehalten werde. Wegen des »enormen Fahndungsdrucks im Kölner Raum« sei eine »Fluchtaktion doch viel zu riskant«, sagt er zu Vertrauten. Der BKA-Chef hat recht. Und gleichzeitig unrecht.

Hunderte von Polizisten sind ständig unterwegs. Streifenwagen jagen durch die Straßen, Wohnungen werden durchsucht, Personen reihenweise überprüft – der Staat zeigt Präsenz. Als einer der Schleyer-Entführer von einem Trip nach Köln zurückkehrt, bekommt er zufällig mit, dass ein paar Kilometer von der Liblarer Wohnung entfernt Ermittler von Tür zu Tür ziehen und offenbar flächendeckende Befragungen durchführen.

Das ist das Startsignal zur Flucht. Das Ziel: Den Haag, Hollands Kapitale. Schleyers Transport dorthin, über die grüne Grenze nahe Aachen, verläuft komplikationslos. Dass er Stunden in einem riesigen Weidenkorb verbringen musste, hat er wohl in stoischer Ruhe ertragen. Der Rückzug ins Ausland bedeutet auch: Die Geisel ist erst einmal dem Zugriff deutscher Fahnder entzogen.

An der Stevinstraat 266 im Ortsteil Scheveningen, der direkt an der Küste liegt, hatte Angelika Speitel kurz zuvor ein dreistöckiges Reihenhaus angemietet. Das neue »Volksgefängnis« Schleyers befindet sich im zweiten Stock: ein Bett, eine chemische Toilette. Die anderen Räume nutzen acht RAF-Mitglieder, vier Frauen, vier Männer, mit Boock und Wisniewski auch zwei aus dem Kölner Mordkommando.

Am Abend des 19. September will Angelika Speitel einen gemieteten Ford Granada zurückgeben – und gerät, eher zufällig, in eine Polizeifalle. Sie flüchtet, wird aber schnell von einem jungen Beamten gestellt. In diesem Moment fallen zwei Schüsse. Der Polizist bricht getroffen zusammen. Angelika Speitel und der Schütze können entkommen. Bis heute ist nicht klar, wer dieser Mann war. Und klar ist auch nicht, warum sich genau zu dieser Zeit ihr Komplize Knut Folkerts ganz in der Nähe aufhielt.

Er sitzt in der Cactus-Bar, neben sich eine schwarze Reisetasche. Sagt einem Kellner, er habe etwas zu erledigen, und bittet ihn, kurz darauf aufzupassen. Dann ist er weg. Und kommt nicht wieder. In der Tasche: Briefumschläge, Kohlepapier, Schreibmaschinenpapier, ein Tonbandgerät, ein Mikrofon, bespielte Tonbänder und Kassetten. Auf einem der Bänder ist Schleyers Stimme zu vernehmen.

Ein Desaster. Fluchtartig verlassen die Terroristen mit ihrem Opfer das Haus an der Stevinstraat – ohne es, wie sonst üblich, von allen Spuren zu reinigen, zu »cleanen«. Ihr Ziel jetzt: Brüssel, eine Hochhauswohnung am Rande der belgischen Hauptstadt.

Und in dieser Phase gibt es eine Spur, die bei Herold und seinen Leuten für Optimismus sorgt. Anfang September hatten zwei Männer im holländischen Städtchen Lemmer an der Ostküste des IJsselmeers eine hochseetüchtige Jacht gemietet, Typ Contest 31. Den Vertrag unterschrieben hatte ein Mann aus Berlin, laut Personalausweis geboren am 4. März 1935. Die Kaution, 800 D-Mark, war in bar bezahlt worden.

Die Rückgabe ist für den 16. September vereinbart, doch Vermieter *Heinz Henne*, der auch ein Sportgeschäft im nordrhein-westfälischen Neuss betreibt, wartet vergebens. Kein Anruf, kein Brief, nichts. Halb im Scherz sagt er zu einem Kollegen, vielleicht sei Schleyer an Bord – und erstattet Anzeige in Lemmer. Die geht sofort per Fax an die Polizei nach Neuss, samt dem doch eher vagen Hinweis auf Schleyer. Und von Neuss direkt nach Köln, zur Soko 77.

Die Daten des Jacht-Mieters werden bei PIOS eingespeist, der allwissenden Auskunftsmaschine. Ergebnis: Der Personalausweis ist gefälscht, das Original angeblich seit Anfang der Siebzigerjahre verloren. Und, was noch viel verdächtiger ist: Der Inhaber des Ausweises gehört der linksradikalen Berliner Szene an.

Ein BKA-Spezialist nimmt sich die bislang eingegangenen Videobänder der Entführer vor – um zu prüfen, ob sich irgendein Hinweis finde, dass die Videos auf einem Schiff gedreht worden sein könnten. Und tatsächlich: Ab und an scheinen die Bilder leicht zu wackeln, dann sind Geräusche im Hintergrund zu hören, die der Experte als eine »ganz ferne Schiffssirene« deutet.

Dies allein schon scheint gewichtig genug. *Henne* hatte dem Mietvertrag ein Foto der Contest 31 beigelegt, auf dem Deck stehen eine Frau und ein Mann. Als eine Beamtin des BKA dieses Bild sieht, ist sie sich absolut sicher, dass es sich um eine frühere Studienkollegin handelt, verheiratet mit einem Rechtsanwalt, der zeitweise Verteidiger eines der Stockholm-Attentäter war. Eines Komplizen also von Siegfried Hausner, dessen Namen das Schleyer-Kommando trägt.

Die Kanzlei des Juristen befindet sich in Mannheim. Von dort aus wurden am 8. und am 12. September zwei Schreiben der RAF aufgegeben. Alles scheint zu passen. Im Auto des Anwalts wird ein Peilsender platziert. Jets der Bundeswehr jagen in Absprache mit dem NATO-Partner Niederlande übers IJsselmeer. Via Interpol – dies melden auch die Späher und Horcher der Stasi – werden selbst Polizeidienststellen in Island, Nordafrika und dem Nahen Osten informiert. Im Golf von Biskaya bringt die französische Marine eine Contest 31 auf, es ist die falsche. Stündlich erwartet die BKA-Führung eine Erfolgsmeldung. Doch keine kommt. Die Jacht bleibt verschwunden.

Da entschließt sich ein Beamter der Sonderkommission, dem Bootsvermieter das Foto aus seinen Vertragsunterlagen vorzulegen und zu fragen, ob er denn wisse, wer die Dame sei. Die Antwort: »Natürlich, das ist meine Frau.«

Die Fahndungsaktion, die am späten Abend des 5. September nach Schleyers Entführung und den vier Morden anlief, war die größte in der bundesdeutschen Geschichte. Am Ende waren 80 000 Beamte beteiligt, 80 000. Weil Herold es für möglich erachtete, dass Schleyer in einem alten Weltkriegsbunker oder einem Stollen an der Westgrenze gefangen gehalten wurde, ließ er fast 10 000 durchsuchen. Makler wurden flächendeckend nach verdächtigen Personen befragt, Briefträger sensibilisiert, ungewöhnliche Post zu melden, Arztpraxen im Rheinland unter falscher Flagge überprüft – es hätte ja sein können, dass Schleyer verletzt oder krank in einem Hinterzimmer lag. Das Programm »Anonym-Unterkünfte auf dem Land« wurde gestartet, abgeguckt bei den Franzosen, die so den Terroristen der »Action directe« auf die Spur kommen wollten. Allein in Baden-Württemberg waren es 6000 Objekte.

Und es gab, noch ein Superlativ, die zumindest bis dahin aufwendigste Telefonüberwachung überhaupt, Tarnname »Alaska«. Alle Ferngespräche, die vom Raum Köln und vielen anderen Gegenden Deutschlands aus mit der Schweiz geführt wurden, liefen über die Zentrale im Frankfurter Fernmeldehochhaus, 15 000 bis 16 000 täglich. Wurde Payots Nummer angewählt, leuchtete eine Lampe auf. Das Gespräch wurde nicht nur mitgehört und mitgeschnitten, es konnte auch sofort rückverfolgt werden. Das ursprüngliche Vorhaben, alle etwa 600 öffentlichen Telefonzellen in Köln zu überwachen, scheiterte schon am fehlenden Personal. Stattdessen, so heißt es in einem internen Papier der Polizei, seien »einige Fernsprechzellen in der näheren Umgebung des Hauptbahnhofs für eine Überwachung ausgewählt« worden. Die Zahl der dafür im Schichtdienst eingesetzten Beamten: 600.

Zumindest einmal schien ein Erfolg greifbar nahe. Fahnder waren, als ein Gespräch registriert wurde, blitzschnell bei einer Telefonzelle im Bahnhof. Dort hatte noch ein paar Sekunden zuvor Silke Maier-Witt mit Payots Büro telefoniert. Während sie darauf wartete, durchgestellt zu werden, sagte jemand: »Das ist eine Frau …« Maier-Witt reagierte sofort: »Polizei hört mit, ich leg jetzt auf« – und verschwand im nächsten Schnellzug.

Alle gigantomanischen Operationen, die Herold ersann, liefen ins Leere. Was hängen blieb bei Straßensperren oder Razzien, war eher Beifang: kleine Autodiebe, Ausländer ohne Aufenthaltsgenehmigung, säumige Zahlväter. Herold befielen allmählich Selbstzweifel. »Da muss«, sagte er, »doch was falsch gelaufen sein.«

*

Und die Stasi meldete weiter jedes erdenkliche Detail. Etwa dass, am 19. September, die Soko 77 das amtliche Kennzeichen N-MN 995 sperren ließ, »Sperrnummer 4332«. Oder dass, am 4. Oktober, im Regierungsbezirk Oberfranken ab 8 Uhr »schlagartig neue Kontrollstellen errichtet« worden seien.

»FEUERZAUBER« IN MOGADISCHU

Wieder und wieder hatten die Entführer erfolglos versucht, über Geistliche, Schleyers Familie, einen Freund wie Eberhard von Brauchitsch und vor allem über Rechtsanwalt Payot Druck auf die Bundesregierung auszuüben. 24 Nachrichten mit fünf Ultimaten wurden ans BKA verschickt, Videoaufnahmen, Polaroidfotos. Was aus ihrer Sicht jetzt nur noch helfen konnte: ein großer Schlag. Ein Ereignis, das die ganze Welt wahrnehmen müsste.

Schon in den letzten September-Tagen setzten sich zwei der Führungskader, Boock und Mohnhaupt, nach Bagdad ab. Dort tauchte plötzlich ein alter Bekannter auf, der früher einmal der Terrorkonkurrenz »Revolutionäre Zellen« angehört hatte: Johannes Weinrich, Deckname »Steve«, die rechte Hand des berüchtigten Terrorsöldners Carlos (»Schakal«).

Weinrich galt als Aufschneider, Boock hielt ihn für »'ne Ekeltype«. Aber sie mussten ihn anhören – weil ihn Wadi Haddad alias Abu Hani geschickt hatte. Der Chef jener Palästinenser-Truppe, die im Jahr zuvor die RAF-Eleven fit gemacht hatte für die »Offensive 77«. Ein Mann, der auf der Gehaltsliste des sowjetischen Geheimdienstes KGB stand. Und der im Sommer 1976 ganz offenbar bei der HVA angeregt hatte, Schleyers SS-Vergangenheit zu recherchieren, quasi als Entscheidungshilfe für seine Freunde von der RAF.[12]

»Steve« also teilte Mohnhaupt und Boock mit, dass Haddad sich wundere, »warum ihr ihn nicht bittet, euch mit einer Aktion zur Seite zu stehen«. Tags drauf schon fand ein Treffen mit ihm statt. Der frü-

[12] Haddad starb im März 1978 in der Ost-Berliner Charité, wahrscheinlich an Leukämie. Es gibt auch Hinweise, Agenten des israelischen Auslandsgeheimdienstes Mossad könnten ihn vergiftet haben.

here Kinderarzt bot zwei »Aktionen« an, beide angeblich bereits vorbereitet: »Ihr könnt aussuchen.« Aktion eins: ein Anschlag mit Geiselnahme auf die deutsche Botschaft in Kuwait. Abgelehnt. Aktion zwei: die Entführung eines Lufthansa-Jets. Akzeptiert – möglicherweise sogar gegen den Willen der Stammheimer, die, so Boock, in Kassibern deutlich gemacht hätten, sich »so nicht befreien lassen« zu wollen. Aber es gab auch durchaus Unterstützung für diesen Plan.

13. Oktober, 14.38 Uhr. In dieser Minute erfährt die Bundesregierung, dass die Aktion zwei begonnen hat. Der Lufthansa-Jet »Landshut«, Flugnummer LH 181, gestartet in Palma de Mallorca und unterwegs Richtung Frankfurt am Main, ist seit über einer Stunde in der Gewalt des palästinensischen Terrorkommandos »Martyr Halimeh«. An Bord der Maschine sind 91 Menschen, unter ihnen einige Kinder. Das jüngste ist drei Jahre alt.

Das Kommando verlangt vom »Kanzler der BRD« die Freilassung von elf RAF-Genossen – an der Spitze Ensslin und Baader – und zweier Komplizen von der »Volksfront zur Befreiung Palästinas« (PFLP), die in türkischer Haft sitzen. Jeder Versuch der Verzögerung, so drohen die Entführer, habe die »sofortige Exekution« Schleyers, der Passagiere und der Crew zur Folge.

Und sie fordern Geld – jeweils sieben Millionen in verschiedenen Währungen: US-Dollar, Holländische Gulden, Schweizer Franken und Deutsche Mark. Alles in allem umgerechnet 35 Millionen D-Mark, das ist die Prämie, die Haddad mit der RAF-Kommandantin Brigitte Mohnhaupt für seine PFLP vereinbart hatte. Schleyers Sohn Hanns-Eberhard solle dieses Geld, eingesammelt in der deutschen Industrie, in »3 schwarzen Koffern« nach Frankfurt schaffen, ins Hotel Intercontinental. Dort sei auf den Namen »Schlier« ein Ticket hinterlegt für einen Flug nach Paris am 15. Oktober, Startzeit 21.05 Uhr. Weitere Ziele nach Paris sind schon benannt: Algier, Damaskus, Karatschi. Irgendwo unterwegs werde er angesprochen von einem »Repräsentanten der RAF«, Parole: »Lassen Sie uns Ihren Vater retten.« Er müsse, um sich zu legitimieren, antworten: »Retten wir meinen Vater.« Die Privataktion scheitert – auch deshalb, weil gegen alle Vereinbarungen die Nachrichtenagentur dpa um 9.40 Uhr bereits eine Meldung darüber abgesetzt hat.

In Bonn gingen bald schon, so berichtete es der CSU-Politiker und Krisenstäbler Friedrich Zimmermann, »dringliche Botschaften« ein – etwa von Frankreichs Staatspräsidenten Valéry Giscard d'Estaing und Englands Premier James Callaghan. Zimmermann beschrieb die Kernaussage dieser Depeschen so: Es käme, wenn die Häftlinge freigelassen würden, »zum moralischen Zusammenbruch der westlichen Welt«.

Auch Bundesjustizminister Vogel warnte vor Nachgiebigkeit. Sie könnte zu einem »irreparablen Motivationseinbruch« bei der Polizei führen. Kein Beamter werde mehr sein Leben oder seine »Unversehrtheit« riskieren, »um Verbrecher festzunehmen, die ja doch anschließend wieder freikommen«.

Für Kanzler Schmidt ist klar, dass er dieser neuerlichen, viel größeren Erpressung standhalten würde: »Es gibt keinen Schritt mehr zurück«, keine »alternative Strategie« – nur diese: irgendwo die »Landshut« zu stürmen. Eine hochriskante Überlegung. Er ordnet an, dass Kanzleramtsminister Hans-Jürgen Wischnewski als sein Sonderbeauftragter der »Landshut« hinterherfliegen soll. Weil dieser jahrelang die algerische Freiheitsbewegung unterstützt hatte und in der arabischen Welt hohes Ansehen genoss, hieß er überall »Ben Wisch«.

Und im Großen Krisenstab fällt die einstimmige Entscheidung: Befreiung der Geiseln, sobald sich eine Möglichkeit ergibt. Kurzzeitig wird überlegt, Elitesoldaten der im badischen Bruchsal stationierten 1. Luftlandedivision einzusetzen. Dies freilich hätte als eine Art Kriegshandlung ausgelegt werden können. Schnell zeichnet sich ab, dass nur die GSG 9 dafür infrage kommt. Eine Anti-Terror-Einheit, gegründet 1972 nach dem verheerenden Anschlag auf die Olympischen Spiele in München. Kommandeur ist der Grenzschutz-Oberstleutnant Ulrich Wegener, 48, ein ruhiger, besonnener, nervenstarker Mann. Er war als Beobachter dabei, als israelische Spezialisten in der Nacht zum 4. Juli 1976 auf dem Flughafen von Entebbe, der früheren Hauptstadt Ugandas, eine von Palästinensern und zwei Deutschen entführte Air-France-Maschine stürmten.

In Sankt Augustin nahe Bonn, dem Hauptquartier der GSG 9, hätten sich nach der Krisenstab-Entscheidung »unglaubliche Szenen« abgespielt, erinnert sich ein Augenzeuge. »Jeder wollte dabei sein, keiner zu Hause bleiben.« Am Ende sei gelost worden, wer bei diesem Höllenritt mitmachen durfte.

Inzwischen hatte Herold mit der Hilfe spanischer Polizisten alle Hotel-Meldezettel der letzten Tage von Palma de Mallorca abholen lassen, es waren Abertausende. In Wiesbaden speisten Programmierer rund um die Uhr die Personalien in den BKA-Computer ein. Dann ließ Herold ein Datenband gegenlaufen, auf dem die Namen aller Flugpassagiere, die in der fraglichen Zeit Mallorca verlassen hatten, gespeichert waren. Vier Namen blieben hängen – es waren, wie sich später herausstellte, die der Hijacker: zwei Frauen, zwei Männer. Alle ausgebildet in Selbstverteidigung und vertraut mit Waffen. Anführer war der 23 Jahre alte Zohair Akache, ein Killer. Fünf Monate zuvor, am Ostersonntag, hatte er in London drei Menschen getötet. Sein Auftraggeber damals: Wadi Haddad.

An Bord der »Landshut« befiehlt Akache, Kampfname »Captain Mahmud«, eine neue Sitzordnung. Ältere Passagiere und Frauen müssen am Gang oder in der Mitte Platz nehmen. Die Männer, von ihm als gefährlicher eingeschätzt, an den Fenstern. Kinder werden von ihren Eltern getrennt und Richtung Cockpit gebracht. An der Trennwand zur Ersten Klasse deponiert Akache Sprengstoff und erklärt über den Bordlautsprecher, warum die Kinder dort versammelt worden seien.

»Bei einer Explosion sind sie sofort tot, die Erwachsenen sollen noch länger leiden.«

In Dubai, wo die »Landshut« zwei Tage und zwei Nächte lang mit leeren Tanks steht, hat Akache im Handgepäck der Passagierin Birgitt Röhll einen Füller der Marke Montblanc entdeckt. Das weiße, sechszackige Firmenlogo hält er für den Davidstern. Er lässt sie vor sich niederknien: »Du bist eine dreckige Jüdin.« Und als Beweis wedelt er mit ihrem Reisepass: »Dein Name ist Grünewald. Du bist eine Jüdin.« Vor den Augen ihres zehnjährigen Sohnes setzt Akache der Frau die Pistole an die Schläfe, ohrfeigt sie und spuckt ihr ins Gesicht: »Dreckige Jüdin.« Dann schickt er sie wieder auf ihren Sitzplatz.

Die Situation an Bord ist unerträglich. Weil wegen der leeren Tanks die Klimaanlage ausgefallen ist, steigt die Temperatur auf fast 60 Grad. Die Toiletten sind längst verstopft. Es stinkt nach Kot, Urin, Erbrochenem, Schweiß.

In den frühen Morgenstunden des 16. Oktober verlangt Akache ultimativ, die Boeing aufzutanken. Immer wieder hatten die Airport-Verantwortlichen von Dubai die Befolgung seiner ständigen Forderungen bewusst verzögert. Jetzt werden zwölf Geiseln ausgewählt und Nummern verteilt – von 001 über 01 und 1 und dann höher.

001 ist die 19-jährige Diana Müll, eine Deutsche. 01 ein 24 Jahre alter Holländer, 1 die Stewardess Gabriele Dillmann, 2 Flugkapitän Jürgen Schumann, der »Landshut«-Pilot. Akache droht, in dieser Reihenfolge »alle fünf Minuten« jemanden zu erschießen, falls seinem Befehl nicht Folge geleistet würde. Als sich draußen nichts tut, lässt er Diana Müll nach vorne holen und in die geöffnete linke Tür des Jets stellen, mit dem Gesicht Richtung Tower. Akache drückt ihr die Pistole an die Schläfe – und beginnt zu zählen. Plötzlich der Ruf: »Wir tanken auf!« Die junge Frau fällt in Ohnmacht.

Um 11.18 Uhr mitteleuropäischer Zeit startet die »Landshut«. Akache hält einen Zettel in der Hand, auf dem die Namen verschiedener Landeorte notiert sind. Oman, eines der von Haddad vorgegebenen Ziele, kann nicht angeflogen werden, weil dort vorsorglich die Landebahn blockiert ist. Und da in Dubai zu wenig Sprit in die Tanks gepumpt wurde, muss Schumanns Co-Pilot Jürgen Vietor kurz vor 16 Uhr versuchen, die südjemenitische Hauptstadt Aden anzufliegen. Gepanzerte Fahrzeuge versperren auch dort die Piste – der Jet landet, ein gefährliches Manöver, im Sand neben der Piste.

Aden steht auf Akaches Zettel. Aden ist eigentlich für die Palästinenser sicheres Gebiet. Dort soll, das gehört auch in Haddads Planung, die Entführung enden. Ein schwer bewaffnetes Kommando steht bereit, um die »Landshut«-Passagiere in die Wüste zu verschleppen. Das hätte den Druck auf die Schmidt-Regierung nochmals erhöht und eine völlig neue Situation heraufbeschworen.

Schon die Barrikaden auf der Landepiste signalisieren, dass bei der Planung etwas schiefgelaufen sein muss. Soldaten umstellen das Flugzeug. Akache weist Schumann an, sofort wieder zu starten. Haddad hatte ein weiteres Ziel notiert: Mogadischu in Somalia, 1200 Kilometer entfernt. Doch der Pilot weigert sich. Ein Teil der Deckenverkleidung war heruntergefallen, und Schumann befürchtet, durch die Landung im Wüstensand könnte sein Flugzeug auch äußerlich beschädigt worden sein. Er besteht auf einer Inspektion.

Als er nach einer Viertelstunde nicht zurückkehrt, ist Akache außer sich. Er schreit: »Come back, come back!« Der Tower-Besatzung erklärt er, er werde die Maschine in die Luft sprengen, falls Schumann sich nicht wieder einfinde. Wo der Pilot war und mit wem er redete, dies blieb jahrzehntelang ein Geheimnis, bis dem Filmemacher Maurice Philip Remy eine Rekonstruktion dieser Minuten gelang. Schumann hatte einen General der Luftwaffe darum gebeten, sich für die Freilassung der Geiseln einzusetzen – vergeblich. »Ich kehre jetzt zurück«, soll der Pilot gesagt haben. »Ich bin sicher, sie werden mich umbringen.«

Über die hintere Treppe betritt Schumann das Flugzeug, er muss vor Akache niederknien und die Hände hinterm Kopf verschränken. Der Terrorist fragt mit schriller, sich überschlagender Stimme: »Are you guilty or not guilty?« Schuldig oder nicht schuldig – Schumann kann nur noch sagen: »Sir, lassen Sie mich erklären ...« Akache schießt ihm direkt ins Gesicht. Der Pilot ist sofort tot.

Um 2.02 Uhr am 17. Oktober gelingt es Vietor, die »Landshut« aus der Sandpiste heraus Richtung Mogadischu zu starten. Sie landet um 4.35 Uhr. Wegeners Maschine mit den Nahkampfspezialisten der GSG 9 kreist über Dschibuti. Wischnewski ist schon vor Ort, er redet mit Somalias Staatspräsidenten Siad Barre. Und lockt: »Wenn Sie uns helfen, wird sich das auf unsere Beziehungen auswirken.« Schmidt wird zugeschaltet, ein technisch komplizierter Vorgang, der über eine Leitung in Rom läuft. Der Kanzler braucht Barres Zustimmung für die geplante GSG-9-Operation. Er schwindelt: »Herr Staatspräsident, die entführte Maschine ist eine deutsche, die Geiseln sind alles deutsche Staatsbürger und die Entführer deutsche Terroristen.« Barre gibt sein Plazet.

Es ist Tag vier der »Landshut«-Entführung. Und Tag 43 der Geiselnahme von Hanns Martin Schleyer.

Akache alias »Captain Mahmud« hat eine Frist gesetzt: Wenn bis 15 Uhr die Forderungen des Kommandos nicht erfüllt seien – erklärte er gegenüber somalischen Regierungsbeamten –, dann würde er die Maschine in die Luft sprengen. Sie steht in der prallen Sonne, die Luftfeuchtigkeit ist immens hoch, mehrere ältere Menschen kollabieren. 90 Minuten vor Ablauf des Ultimatums werden alle Passagiere gefesselt, mit den Sicherheitsgurten fixiert und einige mit Parfüm und Alkohol übergossen: »Damit ihr besser brennt.«

Die Stewardess Gabriele Dillmann darf über Sprechfunk einen Appell an die Bundesregierung richten. »Wir werden sterben. [...] Können Sie dies bis zum Ende Ihrer Tage mit Ihrem Gewissen vereinbaren? [...] Wir versuchen, tapfer zu sein. Es ist nicht leicht. Es ist wirklich nicht leicht. Bitte, falls es irgendeine Möglichkeit, irgendeine, gibt, retten Sie uns. [...] Helft uns, helft uns, bitte helft uns.« Noch einmal gibt Akache 30 Minuten drauf. Da meldet sich im Cockpit der Diplomat Michael Libal, Bonns Geschäftsträger in Somalia. Er habe soeben die Nachricht erhalten, dass die elf RAF-Häftlinge nach Mogadischu geflogen würden. Vietor errechnet die Flugdauer, und Akache entscheidet, das Ultimatum zu verlängern: bis 1.30 Uhr. Später teilt Libal mit, die Maschine habe in Frankfurt erst um 19.20 Uhr starten können, Ankunftszeit dann: gegen vier Uhr. Es habe Schwierigkeiten gegeben bei der Zusammenführung der Häftlinge. Akache fragt nach beim somalischen Polizeichef. Der bestätigt es ihm. Dies ist, natürlich, eine Finte.

An Bord der »Landshut« schöpfen die Geiseln Hoffnung – zumal ihnen die Fesseln abgenommen werden. Im Großen Krisenstab indes herrscht Bunkerstimmung. Mancher versucht, um die Spannung zu lockern, einen Witz zu reißen. Niemand lacht. Schmidt lässt sich einen elsässischen Riesling reichen. Mit Hamburgs Bürgermeister Hans-Ulrich Klose setzt er sich ans Schachbrett.

Verteidigungsminister Georg Leber redet leise über Offiziersanwärter aus München, die sich im Suff geschmacklose Äußerungen über Juden geleistet hatten. SPD-Fraktionschef Herbert Wehner erzählt von seiner Zeit als Kommunist und Exilant.

Die Leitung nach Mogadischu bricht immer wieder zusammen. Im münsterländischen Milte ist eine 42 Meter hohe Antenne auf Somalia gerichtet, über die der Kurzwellensprechverkehr ins Telefonnetz geleitet werden kann. »Phone Patch« heißt dieses anfällige System im Fachjargon. Um 23.52 Uhr kommt Wischnewski durch. Er teilt in knappen Worten mit, dass er sich in zehn Minuten wieder melden werde. Friedrich Zimmermann konstatiert: »Das ist die Entscheidung. So oder so.«

Der Jet mit den GSG-9-Spezialisten war gegen 17.30 Uhr im Schutze der Dunkelheit ohne Lichter und von den Entführern unbemerkt gelandet. Wegener hat den Angriff – Stichwort: »Feuerzauber« – auf null Uhr MEZ festgelegt. An jeder der vier Flugzeugtüren und an den beiden Notausgängen der »Landshut« bezieht ein jeweils aus fünf Mann bestehender Sturmtrupp Position – dunkel gekleidete Gestalten mit geschwärzten Gesichtern. Über Leitern hatten sie lautlos das Flugzeug geentert. Ein weiterer Sturmtrupp hält sich als Reserve bereit, am Boden liegen Scharfschützen. Somalische Soldaten entfachen ein Feuer, um die Entführer zu irritieren – und ins Cockpit zu locken. Vor den Cockpitfenstern werden Blendgranaten gezündet, die für Sekunden lähmend wirken. Fast gleichzeitig dringen die Grenzschützer ins Flugzeug ein, Chef Wegener ganz vorne dabei. Er ruft: »Köpfe runter, Köpfe runter!« Der Einsatzbefehl zuvor war klar: Wer eine Waffe hat, wird erschossen. Festnahmen: nicht geplant.

Der Zugriff dauert nur sieben Minuten. »Während im Cockpit noch gekämpft wird«, heißt es im Einsatzbericht, »beginnt die Evakuierung vom Heck her.« Dann sind drei der Hijacker tot, die 24 Jahre alte Studentin Souhaila Andrawes[13] ist schwer verletzt. »Tötet mich«, bettelt sie, »bitte tötet mich!« Und ruft: »Lang lebe Palästina!«

Um 0.12 Uhr meldet sich Wischnewski wieder im Kanzleramt: »Das Flugzeug ist geknackt.«

Schmidt: »Nicht verstanden.«

Wischnewski: »Die Arbeit ist erledigt.«

[13] Im April 1978 wurde sie in Mogadischu zu 20 Jahren Haft verurteilt und noch im selben Jahr in den Irak abgeschoben. 1991 gewährte ihr Norwegen politisches Asyl. Nach der Auslieferung stand sie in Hamburg vor Gericht; das Urteil des Oberlandesgerichts im November 1996: zwölf Jahre Gefängnis. Das Oberlandesgericht Frankfurt am Main verhängte im November 1998 gegen die Deutsche Monika Haas wegen Mittäterschaft eine fünfjährige Freiheitsstrafe. Im Fall der »Landshut«-Entführung sind dies die beiden einzigen Verurteilungen.

Schmidt: »Wie viele Tote habt ihr?

Wischnewski: »Keine.«

Der Kanzler verlässt wortlos den Raum, schließt die Tür. Und weint. »Das war der wohl dramatischste Augenblick meines Lebens seit dem Krieg.«

Um 0.31 Uhr sendet dpa eine Blitznachricht, sieben Minuten später meldet auch der Deutschlandfunk, »alle Geiseln« seien »glücklich befreit worden«.

Gegen 2 Uhr vernehmen Stammheimer Justizbeamte zum letzten Mal Geräusche aus den Zellen. Sie hätten geglaubt, so gaben sie später zu Protokoll, dass die Gefangenen »ganz normal« zu Bett gegangen seien. Andreas Baader holt, nachdem er im Radio die Nachricht von der Befreiung der »Landshut« gehört hat, aus einem nie richtig überprüften Plattenspieler die eingeschmuggelte Pistole vom Typ FEG, Kaliber 7,65. Erst feuert er, wohl um einen Kampf vorzutäuschen, im Stehen zwei Schüsse ab. Dann setzt er sich den Lauf in den Nacken und drückt ab.

Jan-Carl Raspe hatte seine Neun-Millimeter-Pistole hinter der Fußleiste versteckt. Er schießt sich, auf dem Bett hockend, in die Schläfe und stirbt bald darauf im Krankenhaus. Gudrun Ensslin erhängt sich mit einem Lautsprecherkabel, und Irmgard Möller sticht sich, so das offizielle Untersuchungsergebnis, mit einem Besteckmesser viermal in die Brust. Sie überlebt den kollektiv geplanten Selbstmord.[14]

[14] Die Häftlinge sind belauscht worden, Techniker des Bundesamts für Verfassungsschutz und des Bundesnachrichtendiensts hatten mehrere Zellen verwanzt. Nach amtlichen Angaben gab es Abhörmaßnahmen in fünf Besucherzellen, in denen sich die Gefangenen auch mit ihren Anwälten trafen. Insgesamt seien an 22 Tagen Gespräche mit Verteidigern abgehört und aufgezeichnet worden, letztmals nach der Verhaftung von Siegfried Haag im November 1976. An dieser Version wurden immer wieder Zweifel geäußert. So schreibt Michael Sontheimer, es sei »schwer zu glauben«, dass ausgerechnet während der Entführung Schleyers keine Lauschaktionen stattgefunden haben sollen. Für Stefan

Hanns Martin Schleyer wird etliche Stunden später, am Tag 44 der Geiselnahme, irgendwo in den Weiten Nordfrankreichs oder Flanderns mit drei Kopfschüssen exekutiert. Vielleicht bei Langemarck.

Wäre der GSG-9-Coup gescheitert, dann hätte der Kanzler auf der Stelle seinen Rücktritt erklärt. Doch so wurde er zum Helden, Schleyers Schicksal zum Trotz. Seine Kompromisslosigkeit im Interesse des Gemeinwesens sorgte am Ende dafür, dass Terroristen eines nie mehr versuchten – den Staat zu erpressen.

Am 25. Oktober findet in der Stuttgarter Stiftskirche die Trauerfeier für Schleyer statt. Helmut Schmidt sitzt in der ersten Reihe zwischen Waltrude Schleyer und ihrem ältesten Sohn, nachdenklich, in sich gekehrt, fast abwesend. Nach dem Gottesdienst kondoliert er der Familie. Und sagt leise zur Mutter, so erinnert sich Jörg Schleyer, der jüngste der vier Brüder: Er könne »es gut verstehen, wenn sie seine Entscheidung, nicht nachzugeben, nie akzeptieren würde«. Jahre später bekannte der Ex-Kanzler, er sei »verstrickt in Schuld«.

Und doch wurde Schmidt, Anfang 2013, der Hanns-Martin-Schleyer-Preis verliehen, der Persönlichkeiten ehrt, die sich verdient gemacht haben um »Grundlagen eines freiheitlichen Gemeinwesens«. Diese Verleihung, sagt Jörg Schleyer, sei für ihn und seine Familie »ein versöhnlicher Abschluss« gewesen: »Wenn man sieht, wie er sich jahrelang mit dieser großen Belastung auseinandergesetzt und unumwunden eine Mitschuld eingeräumt hat.«

*

Aust »sprechen alle Regeln der Wahrscheinlichkeit dafür«, dass bis zum Schluss mitgehört worden ist. »Dann aber müsste es ein Tonband der Todesnacht von Stammheim geben.« Dies ist von offizieller Seite immer bestritten worden.

Die abgehörten und protokollierten Telefonate der Bonner Krisenstäbler dienten der Stasi nicht nur dazu, während der wochenlangen Großfahndung immer wieder die Schutzmaßnahmen für die im Westen operierenden Agenten und andere Zuträger zu überprüfen und bei Bedarf zu aktualisieren. Sie wurden auch genutzt, um ein Lieblingsstück vieler Nachrichtendienstler aufzuführen, Titel: Desinformation, Untertitel: Wer geht mir auf den Leim? So etwas nannte die Stasi »spezielle aktive Maßnahmen«.

Autor des Stücks war der promovierte Historiker Herbert Brehmer, 42, Offizier in der HVA-Abteilung X. Das ist jene Abteilung, für die auch der Allzweckspion Willi Rudolf Schelkmann, zeitweiliger Herausgeber der vermeintlichen FDP-Postille *X-Informationen*, arbeitete. Jener Schelkmann also, der aus diversen Archivunterlagen Schleyers Rolle in der SS rekonstruiert hatte. Wohl ein frühes Ergebnis dieser Recherche, eine Art Zwischenergebnis, hatten die RAF-Trainees auf Drängen der Palästinenser im Spätsommer 1976 kurz vor ihrer Abreise überreicht bekommen.

Der findige Brehmer entwarf den Plan, »in Anknüpfung an die Ausarbeitung Schelkmanns« (Bundesanwaltschaft) und das auf technischem Wege abgeschöpfte Wissen Dialoge zwischen Opfer und Bewacher zu erfinden oder zu verfälschen und sie als »Vernehmungsprotokolle« zu deklarieren. Die ersten dieser Fake-Papiere, einige wenige Blätter, wurden im Dezember 1977 an drei Adressaten geschickt: Schleyer-Sohn Hanns-Eberhard, den Kölner Korrespondenten der niederländischen Zeitung *De Telegraaf* und an das Hamburger Nachrichtenmagazin *Der Spiegel*. Eine zweite Sendung im Jahr drauf erhielt Gerhard Boeden, der Chef der BKA-Abteilung »Terrorismus«.

Gewissermaßen als Legitimation wurden die Seiten mit Schleyers SS-Nummer 227 014 oder dem Signet der RAF versehen. Mal ging es bei den vermeintlichen Vernehmungen um Verstrickungen des bayerischen Ex-Bundesministers Franz Josef Strauß in Korruptionsfälle. Mal wurde CSU-Granden ein Mord unterstellt, mal der Deutsche Gewerkschaftsbund verunglimpft, der, gestand angeblich Schleyer, »eine hochbrisante Informations- und Einflusszentrale für Agenten aller Couleur« sei. Ein anderes Mal sollte der Eindruck erweckt werden, er habe abfällig über Parteifreunde und den Bundeskanzler geredet – erfundener O-Ton: »Man braucht Märtyrer, und jetzt bin ich an der Reihe.« Frage: »Kohl und Strauß tanzen da wirklich nach der Pfeife von Schmidt?« Antwort Schleyer: »Falls Sie mich ein paar Tage überleben sollten, dann wird diese Dramaturgie offensichtlich werden [...].« – »Da haben Sie ja tolle politische Freunde, aber Sie würden es ja mit ihnen auch nicht anders machen [...].«

Der *Spiegel* ließ die vermeintlichen Protokolle von Fachleuten begutachten. Ergebnis: »Diktion und Terminologie entsprechen RAF-Stil«, die »Authentizität [...] ist sehr wahrscheinlich«. Weil aber Zweifel blieben, sah die Redaktion von einer Veröffentlichung ab. Als Ermittler dem CDU-Chef und Schleyer-Freund Kohl die Papiere vorlegten, erklärte er sofort, sie seien ohne Zweifel ein »Desinformations-Machwerk«.

Und doch fand die Stasi einen Abnehmer – ausgerechnet *Konkret*, das Blatt, für das Ulrike Meinhof lange in Spitzenpositionen gearbeitet hatte. Die Zeitschrift veröffentlichte Brehmers Erfindungen im März 1984. Die Überschrift lautete: »Was hat Schleyer der RAF erzählt?«

Am 8. November, als alles längst vorbei ist, läuft bei der Terror-Abteilung des BKA in Bad Godesberg und bei der fast schon verwaisten Soko 77 im Kölner Präsidium ein Fernschreiben mit der Nummer 122 auf – Absender: die Polizeistation in Erftstadt.

Unter dem Betreff »Hinweis auf verdächtige Wohnungen« meldet die Wache auch eine bereits bekannte Adresse: Zum Renngraben 8, Wohnung 104. Die Hausverwaltung habe mitgeteilt, dass diese Wohnung »seit Wochen nicht benutzt«, die Miete »jedoch pünktlich bezahlt« werde. Das ist sonderbar, das ist verdächtig. Und das ist jetzt, erst jetzt, der Anlass, die Auskunftsmaschine PIOS anzuwerfen.

Eingegeben wird der Name der vermeintlichen Mieterin: Annerose Lottmann-Bücklers. Herolds engster Mitarbeiter, Wolfgang Steinke, erinnerte sich, der Computer habe »eine Viertelstunde gearbeitet« – und reichlich geliefert. Zuerst spuckte er eine Zahlenreihe aus: BKA-1200-086-1201723-000/76/2. Und dann die Information, dass am 9. Juli 1976 Grenzpolizisten in Lindau zwei Männer angehalten hätten, die auf dem Rückweg von einem »Treffen Linksradikaler aus Europa in Zürich« gewesen seien.

Sie hatten damals von Rorschach aus ein Linienschiff über den Bodensee benutzt; einer der beiden war zur »Beobachtenden Fahndung«, kurz: BeFa, nach mutmaßlichen Helfern und Sympathisanten der Terroristen ausgeschrieben. Bei ihm wurde eine Liste mit 150 Adressen und Telefonnummern gefunden, unter anderem Daten aus Hamburg, die einer Frau zugeordnet werden konnten: Annerose Lottmann-Bücklers. Unter diesem Namen war Monika Helbing bei der Anmietung der Wohnung 104 aufgetreten – und hatte einen entsprechenden Ausweis vorgelegt. Im PIOS-Eintrag stand auch, Lottmann-

Bücklers habe bereits mehrfach Pass oder Personalausweis als verloren gemeldet, einmal sei es in Rom passiert.[15]

Während der Fahndung, schreibt der Herold-Biograf Dieter Schenk, seien »35 000 Spuren durch PIOS geschleust« worden – »bedauerlicherweise« diese Spur nicht. Es ist eine Spur, die niederschmettern muss.

Am selben Tag bittet der Kanzler für 20 Uhr zu einem »Sicherheitsgespräch«, es dauert bis weit nach Mitternacht. Das halbe Kabinett ist anwesend, aufseiten der Polizei sind Herold und Gerhard Boeden vom BKA sowie LKA-Chef Hans Werner Hamacher dabei. Ein Gast ist, außergewöhnlich genug, der CSU-Mann Hermann Höcherl, Jurist, ehedem Amtsrichter und vier Jahre lang, von 1961 bis 1965, Bundesinnenminister. Höcherl war bekannt geworden mit dem Spruch, seine Beamten »könnten nicht den ganzen Tag mit dem Grundgesetz unter dem Arm herumlaufen«. Sollte heißen: Man dürfe auch mal – es drehte sich um widerrechtlich abgehörte Telefonate – alle fünfe gerade sein lassen.

Das bayerische Schlitzohr Höcherl, wegen seiner Körperlichkeit »Kugelblitz« genannt, sollte noch eine Rolle spielen.

Viele Tage lang wissen Herold und seine Leute nicht, wie sie mit diesen Informationen aus dem eigenen Arkanbereich, die noch angereichert wurden durch einschlägige Hinweise des Hamburger Verfas-

[15] Ein Ermittlungsverfahren der Bundesanwaltschaft gegen Annerose Lottmann-Bücklers wegen des Verdachts der Unterstützung einer terroristischen Vereinigung wurde Mitte Februar 1979 eingestellt. In ihrer Vernehmung hatte sie erklärt, mit der Anmietung der Wohnung nichts zu tun gehabt zu haben. Sie habe auch den Ausweis »niemandem zur Verfügung gestellt«, sondern ihn im November 1976 bei einer Veranstaltung in der Hamburger Uni »verloren«, heißt es in der Einstellungsverfügung. Zwei Zeugen bestätigten, dass Lottmann-Bücklers »unmittelbar« nach dieser Veranstaltung den Ausweis »vermisst« habe. An anderer Stelle erklärte sie, es habe zu keiner Zeit »Verbindungen« zwischen ihr und der »RAF-Szene gegeben«.

sungsschutzes, umgehen sollen. Der Bundeskanzler jedenfalls wird nicht informiert, obschon bereits am 8. November die Möglichkeit besteht. Auch nicht Innenminister Maihofer, der, was das BKA anbelangt, die politische Verantwortung trägt.

Am 23. November erst entscheidet sich Herold, ansonsten nicht als Zauderer bekannt, das Hochhaus in Liblar rund um die Uhr überwachen zu lassen. Die Aufgabe übernimmt anfangs das Mobile Einsatzkommando (MEK) aus Köln, sieben Mann stark. Herold baut auf die minimale Chance, die Täter könnten irgendwann zurückkehren. Die Miete wird ja weiterhin bezahlt, immerhin.

Schon am zweiten Tag keimt Hoffnung auf. Einer der Observanten meldet einen »Lichtschein in den Fenstern«. Die GSG 9 wird alarmiert – und schnell zurückgepfiffen. Der Lichtschein war nur ein Sonnenreflex.

Taktisch gesehen, reicht die »Außenbeobachtung« nicht. Deshalb planen die Observanten, sich in der Wohnung gegenüber dem vermutlichen Schleyer-Versteck einzunisten. Die Mieter, die schon älteren Eheleute *Hörnscheberger*, werden mit guten Worten und gegen gutes Geld überredet, doch ein paar Wochen woanders zu verbringen. Sie entscheiden sich für Mallorca. Versprechen müssen die Beamten, regelmäßig den Briefkasten zu leeren.

In ein Schraubenloch an der Wohnungstür wird die winzige Linse einer Fernsehkamera montiert, die live Bilder aus dem Flur auf einen Monitor sendet. Das Appartement dient mittlerweile als Einsatzzentrale, über Funk sind die Beobachter ständig in Kontakt mit ihren Kollegen, die auf mehrere Wohnungen in nächster Nähe verteilt sind. Zu ihnen gehören auch Präzisionsschützen, und in Sankt-Augustin wartet ein GSG-9-Kommando jederzeit auf den Einsatz.

In Oma *Hörnschebergers* Küche wird gekocht, und gegen die Langeweile hilft oft ein Kartenspiel. Anfangs sind bei der »Operativmaßnahme Erftstadt/Liblar« (so die interne Bezeichnung) täglich 20 Beamte im Wechsel vor Ort, allesamt Spezialisten von MEK oder SEK, dem Spezialeinsatzkommando. Zum Schluss werden es 60 sein.

Am 1. Februar 1978 bekommt der Besitzer der Wohnung 104, ein Büchsenmacher aus Leverkusen, von der Mieterin einen Brief. Sie könne »leider die gesetzlich bestimmte Kündigungsfrist nicht einhalten« und den Schlüssel nicht zurückschicken. Höflich bittet sie, deshalb entstandene Kosten doch »mit der Kaution von D-Mark 800 und dem Mobiliar« zu verrechnen. Sie heiße nun A. Johnson und nennt als künftige Adresse »Hauptpostlagernd Sydney/Australien«. Ihr Mann sei von seiner Firma überraschend dorthin beordert worden, sie begleite ihn. Das Schreiben war tags zuvor im Kölner Hauptbahnhof aufgegeben worden.

Zu diesem Zeitpunkt ahnte die Polizei bereits, dass sich hinter jener Person mit großer Wahrscheinlichkeit die RAF-Frau Monika Helbing verbarg – und sie wusste längst, dass die Wohnung 104 bereits vier Tage nach Schleyers Verschleppung als dessen möglicher »Verbringungsort«, wie es im Amtsjargon heißt, gemeldet worden war.

Am 2. Februar 1978, nach fast zehn Wochen der Observation, ordnet die Einsatzleitung den Rückzug an. Die Kräfte vor Ort – vier Kommandos von SEK und MEK aus Düsseldorf, Dortmund und Köln – seien »aus ihrem Auftrag entlassen« und die angemieteten Wohnungen »verdeckt geräumt« worden, teilt der Kölner Polizeipräsident Jürgen Hosse Nordrhein-Westfalens Innenminister Hirsch als »Verschlusssache« mit. Die Beamten seien »unter Hinweis auf ihre Geheimhaltungspflicht« belehrt worden, »über ihren Einsatz strengstes Stillschweigen zu bewahren«.

Um 11 Uhr hebelt ein GSG-9-Trupp die Wohnungstür auf – die Tür zum »Volksgefängnis«.

Den Beamten der BKA-Spurensicherung fällt auf, dass alle Zimmer fast besenrein sind. Fingerspuren gibt es keine, alles weggewischt. Aber sie finden winzige Textilfasern und exakt 364 Haarspuren. Bei der makro- und mikroskopischen Untersuchung sollte sich herausstellen, dass 108 von ihnen »mit den Vergleichskopfhaaren des Dr. Schleyer übereinstimmten«.

Als sie im Schlafzimmer das Bett von der Wand abrücken, finden sie auf dem Boden einen Manschettenknopf. Schleyer hatte, ziemlich kaltblütig, eine Spur legen können.

BEGRENZTES AUFKLÄRUNGSINTERESSE

Bald sickerte durch, dass schon sehr früh ein Hinweis auf die Wohnung in Liblar vorgelegen hatte. Von da an herrschte im Kölner Polizeipräsidium, beim nordrhein-westfälischen Landeskriminalamt und im BKA Alarmzustand. Polizeiführer, die ja sonst bekannt sind für ihre Bärenruhe, befiel Nervosität; überall wurden Krisensitzungen einberufen.

Am 28. Februar 1978 kam die *Bild* mit der Nachricht, Schleyer sei 17 Kilometer von Köln entfernt in einem Haus gefangen gehalten worden. Dort habe die Polizei ein Plakat der RAF gefunden, »vor dem Fotos und Filmaufnahmen gemacht« worden seien, außerdem etliche Spuren. Die *Kölnische Rundschau* meldete am 2. März den Ort: Liblar. Die Wohnung, in der ein Schild mit Schleyers Foto und der Aufschrift »31 Tage Gefangener der RAF« gefunden worden sei, sei am 1. Juli von Willy-Peter Stoll und seiner Komplizin Friederike Krabbe angemietet worden – was so nicht richtig war.

Am 6. März titelte sie: »Schleyers Befreier waren nahe am Ziel.« Unter dem Stichwort »Rollkommando«, hieß es im Text, sollte »bereits eine Woche nach dem Blutbad« die Liblarer Hochhauswohnung, in der Schleyer vermutet wurde, »gestürmt werden. So dicht waren die Fahnder den Terroristen auf den Fersen.«

Diese Meldung stimmte irgendwie – aber irgendwie auch nicht. Für Reporter war die Nachrichtenlage eine höchst undurchsichtige, auch weil die drei beteiligten Polizeibehörden kräftig mauerten. Zwar tagten schon bald, nicht öffentlich, die Innenausschüsse des Bundestags und des nordrhein-westfälischen Landtags. Was an Informationen abfloss oder auf Pressekonferenzen verbreitet wurde, war selektiv und interessengeleitet.

Journalisten lobten die Recherchen der Kölner Kollegen. In der *Zeit* schrieb Hans Schueler, erst wegen ihrer Berichterstattung sei der Fall Schleyer »zu einem öffentlichen Skandal« geworden. Und Robert Schmelzer, Chefredakteur der *Frankfurter Neuen Presse*, kommentierte: Hätten sie »nicht gebohrt und gezündet«, wäre das Publikum wohl »ahnungslos geblieben«. Schmelzers Resümee: »Unser stolzes Fahndungs- und Polizeiimperium, angeblich bombensicher im Kampf gegen die Terroristen, hat den Ernstfall nicht bestanden.«

Unter der Hand wurde schnell ein vermeintlich Schuldiger ausgemacht – der nordrhein-westfälische Innenminister Hirsch. Ihn mieden in diesen Tagen selbst Kolleginnen und Kollegen der FDP. »Ich war für die Luft«, sagte er im Gespräch mit der Autorin Anne Ameri-Siemens. »Viele schienen überzeugt, meine Behörde habe versagt.« Am 11. März tagte in Frankfurt der FDP-Bundeshauptausschuss, eine Art kleiner Parteitag. Dort forderte Hirsch Parteichef Genscher auf, er möge dafür sorgen, dass bis zum nächsten Tag 12 Uhr Kanzler Schmidt einen Sonderermittler einsetze. Sonst würde er zurücktreten und zudem im Landtag einen Parlamentarischen Untersuchungsausschuss »gegen mich« beantragen. Das war, unter Koalitionären, ziemlich mutig. Aber Hirsch wollte wissen, »was wirklich geschehen ist«.

Tatsächlich, Schmidt beschloss in dieser Situation sofort, abgesprochen mit NRW-Ministerpräsident Heinz Kühn, seinem Parteifreund, einen Mann zum Aufklärer zu machen, der dem Oppositionslager angehörte: Hermann Höcherl von der CSU. Ein unabhängiger Geist, überliefert ist dieser hübsche Reim: »Steht aufrecht da, wenn andere eiern – ein souveräner Mann aus Bayern.« Der Auftrag an ihn lautete, herauszufinden, »aus welchen Gründen dem Hinweis auf die Wohnung in Erftstadt/Liblar, Zum Renngraben 8, nicht rechtzeitig bzw. nicht ausreichend nachgegangen wurde«.

Schmidts Entscheidung wurde gerade von Unionspolitikern heftig kritisiert. Oppositionsführer Kohl verdächtigte Höcherl, aus »materiellen Gründen« mit den Sozialliberalen gemeinsame Sache zu machen in deren Bestreben, die Regierenden in Bonn und Düsseldorf zu entlasten. Der CSU-Abgeordnete Dionys Jobst verbreitete das Gerücht, Höcherl kassiere für das Schmidt-Kühn-Mandat 200 000 D-Mark. Tatsächlich war das Honorar vergleichsweise gering: 6000 D-Mark.

Die in den Krisenmonaten an den Tag gelegte Gemeinsamkeit der Demokraten schien dahin.

Hirsch sicherte zu, Höcherl könne »jeden Beamten befragen« und »sämtliche Akten und Unterlagen einsehen«, die er für wichtig halte. Die Recherchen begannen unmittelbar nach dem am 15. März unterzeichneten Vertrag, Ende Mai bereits lag der Bericht vor. Höcherl machte klar, dass er nur den wahrscheinlichsten Geschehensablauf habe aufschreiben können. Der Versuch einer »möglichst subtilen Rekonstruktion« sei schwieriger gewesen, als er im Vorhinein angenommen habe.

Das ernüchternde Ergebnis: Es lasse sich »nicht feststellen«, wann und auf welche Weise die Erst- und die Zweitausfertigung des Fernschreibens 827 abhandengekommen seien. Punkt.

Es lasse sich auch »nicht nachweisen«, ob es »überhaupt jemals in den Bereich des Koordinierungsstabes gelangt« sei. Einfach weg. Punkt.

Höcherl kritisierte allerdings in seinem Bericht die im Fahndungsfall Schleyer zutage getretene Allmacht des Bundeskriminalamts. Eine »spontane Aufschaltung« auf den »praktisch die Arbeit am Ort leistenden Polizeiapparat« sei »problematisch« und »eine Fehlerquelle«. Hierfür fehlten dem BKA die Kräfte und die »notwendige Kenntnis örtlicher Gegebenheiten« – was ja zum Chaos in den ersten Tagen geführt hatte. Ergo müsse die »Ermittlungszuständigkeit grundsätzlich bei den Polizeibehörden« vor Ort bleiben. Das war ein Hieb.

Herold, der Kritik an seiner Arbeit nur schwerlich akzeptieren konnte, zeigte sich entsetzt, als er Höcherls Bericht las. Und tief enttäuscht. »Allein entscheidend« hätte sein müssen, schrieb er im September 1978 auf Privatpapier an den »sehr verehrten Herrn Minister«, dass die »örtliche Polizei den ihr obliegenden Pflichten der Aufklärung nicht nachgekommen« sei. Beim Bundeskriminalamt habe »niemand annehmen« können, dass »diese Pflichten nicht erfüllt würden«. Die falsche Gewichtung im Gutachten habe »zu einem Ansehensverlust des BKA geführt, von dem es sich kaum mehr erholen wird«. Und dies sei von »historischer Qualität«.

In diese Verteidigungsstrategie passte ein Vermerk (»streng vertraulich«) vom 13. April 1978. Urheber war Gerhard Boeden, Chef der Terrorismus-Abteilung im Bundeskriminalamt. Dieses Papier belege, so stand es im *Spiegel*, und so schrieb es Stefan Aust in seinem Buch *Der Baader-Meinhof-Komplex*, dass sich »hohe Polizeioffiziere des Landes Nordrhein-Westfalen und des Bundes an einer regelrechten Verschwörung« beteiligt hätten, »um die Wahrheit über Erftstadt-Liblar nie ans Tageslicht kommen zu lassen«.

Boeden notierte, er habe von einem »absolut zuverlässigen« Landesbeamten erfahren, dass am 10. oder 11. September ein Kriminaloberrat beim Oberkreisdirektor um eine »Ausfertigung« des Fernschreibens 827 gebeten habe. Diese Kopie sei von einem Kradfahrer der Schupo nach Köln zum 14. K., dem Staatsschutz-Kommissariat, gebracht worden. Der Name des Fahrers stehe fest und sei im Bericht eines internen LKA-Ermittlers »niedergelegt«. Dort, im 14. K., habe eine Kommissarin auf Bitten ihres Chefs jenes Telex »in Einzelinformationen« aufgeschnitten und »zu jedem Objekt Spurenblätter« angelegt. »Was weiter dann mit dem so bearbeiteten Fernschreiben geschehen ist, ist unbekannt«. Alle »mit diesem Sachverhalt vertrauten Beamten des Landes NRW« seien verpflichtet worden, »darüber Stillschweigen zu bewahren, auch gegenüber dem Untersuchungsführer«, also Höcherl.

Ein auf den ersten Blick brisanter Vermerk, dem allerdings mit Vorsicht begegnet werden muss. Denn es scheint, als habe Boeden damit vor allem den Eindruck erwecken wollen, das Kölner Polizeipräsidium sei eine Art Bermuda-Dreieck gewesen, weil dort eine Information gleich zweimal unbeachtet vorgelegen habe, die – im Nachhinein betrachtet – von hoher Wichtigkeit war. Und vielleicht hat er geglaubt, auf diese Weise sein BKA entlasten zu können. Wenn es denn eine Verschwörung gewesen sein sollte, dann war es eine gegen die Wahrheit.

Dazu ist zu sagen: Erstens, die Tatsache, dass eine Kopie dieses Fernschreibens ins Präsidium geholt wurde, ist damals zeitnah publik gemacht worden, etwa durch die *Kölnische Rundschau*. Zweitens: Der interne LKA-Ermittler erwähnte in seinem Papier weder diesen Vorgang noch den Namen irgendeines Kradmelders. Und, drittens: Niemand hatte gegenüber Höcherl geschwiegen, ganz im Gegenteil. Alle im Vermerk erwähnten Beamten standen ihm Rede und Antwort, manche mehrfach.

Aust schreibt auch, Boeden sei auf diese Weise selbst »Mitwisser eines geplanten Komplotts zur Vertuschung eines grotesken Versagens der Polizei« gewesen. Darüber hinaus habe es einen weiteren »Mitwisser« gegeben – nämlich den Adressaten des Vermerks, der per Fax, damals noch Hellfax genannt, an die Wiesbadener BKA-Zentrale gegangen war. Der aber sei aufgrund der »krakeligen Handschrift« nicht zu identifizieren gewesen.

Was Boeden mit der Hand notierte und unterschrieb, ist gut lesbar: »H. PR – gem. R. von heute vorgelegt. 13./4.78«. Aufgeschlüsselt: Herrn Präsidenten vorgelegt, gemäß Rücksprache. Der Präsident, das war Herold. Doch der sagte später: »An einen solchen Vermerk erinnere ich mich nicht, würde es aber können, da mich der Inhalt elektrisiert und zum Nachbohren veranlasst hätte.«

Parallel zur Höcherl-Untersuchung befasste sich die Kölner Staatsanwaltschaft mit diesem »Polizei-Desaster« (*Zeit*) – nicht von Amts wegen, wie es sich vielleicht gehört hätte in einem Kriminalfall von solcher Brisanz. Vielmehr waren drei Strafanzeigen gegen unbekannt eingegangen. Von einem Privatmann aus Kiel, einer Anwaltskanzlei aus Essen und dem Juraprofessor Manfred Löwisch, später Rektor der Universität Freiburg.

Löwisch forderte die Staatsanwaltschaft auf, im Fall Schleyer wegen des Verdachts der fahrlässigen Tötung oder zumindest der fahrlässigen Körperverletzung zu ermitteln. Die für die Fahndungsfehler verantwortlichen Personen müssten doch ausfindig zu machen sein. Der Anzeigeerstatter aus Kiel argumentierte: Es könne nicht »angehen, die Schlamperei der Verantwortlichen ungestraft zu lassen«. Die Juristen aus dem Ruhrgebiet hielten das, was in Köln geschehen war, für Beihilfe zum Mord und zur Geiselnahme.

Zwar bekam das erstaunlicherweise in der Politischen Abteilung der Staatsanwaltschaft angelandete Verfahren ein Aktenzeichen – 121 UJs 110/78. Aber das Engagement, mit dem die Aufklärung betrieben wurde, war ein sehr begrenztes. Zeitungen und Zeitschriften wurden im Groben gesichtet, »rein vorsorglich« ein »als verlässlich bekannter Beamter« der Kölner Kripo, der auch der Soko 77 zugeteilt gewesen war, »informatorisch« angehört. Das war's. Keine Zeugenvernehmung, keine Auswertung der Akten.

Schon am 21. April wurde das Verfahren in Teilen eingestellt, übrig blieb die Überlegung, ob vielleicht ein Polizeibeamter im Nachhinein, als die Sache ruchbar wurde, die »Unterlagen« – also das Fernschreiben 827 – »aus den Vorgängen entfernt« habe »zur Vermeidung der Bloßstellung«. Ein Beamter, der »für die Nichtverfolgung der Fahndungsspur verantwortlich« gewesen sei. Aber dies könne dann, höchstens, als »Verwahrungsbruch« gewertet werden.

Löwisch ging in die Beschwerde. »Das Unterlassen der Verfolgung der Fahndungsspur«, so formulieren nun mal Juristen, habe »entweder den Tod oder die Verlängerung der gesundheitsbeschädigenden Freiheitsentziehung von Dr. Schleyer herbeigeführt«. Es müssten all jene Beamte als Täter ins Auge gefasst werden, die »für die Organisation der Fahndung verantwortlich« und »vermutlich sehr genau über den Ernst der Lage [...] unterrichtet« gewesen seien. Das konnten sein:

der BKA-Chef, der Leiter der Soko 77, der Direktor des Landeskriminalamts. Oder Boeden.

Im November 1978 legte Löwisch nach. Der Generalstaatsanwaltschaft schrieb er, die Ermittler dürften sich »nicht begnügen« mit der Feststellung Höcherls, »nichts feststellen zu können«. Sie müsse vielmehr »in einer für das allgemeine Rechtsbewusstsein so elementaren Angelegenheit die allein ihr zur Verfügung stehenden [...] Mittel« einsetzen, etwa »kriminaltechnische und strafprozessuale Mittel, u.a. die richterliche Vernehmung von Zeugen«. Ansonsten eröffnete sich »für die politisch verantwortlichen Stellen« die Möglichkeit, bei der Nachforschung möglicher strafbarer Handlungen in ihr unterstellten Behörden Verfahren einfach »abzublocken«.

Am 15. Januar 1979 erklärte Kölns Generalstaatsanwalt, er sehe »keinen Anlass« zu weiteren Maßnahmen. Im Juni wurde auch das Verfahren wegen Verwahrungsbruchs eingestellt – Begründung: Das Fernschreiben sei »ohne schuldhaftes Zutun einer bestimmten Person in Verlust geraten«. Noch heute hält Löwisch die damaligen Entscheidungen der Ankläger für »höchst problematisch«. Er habe – »resigniert« – schließlich auf eine Beschwerde beim nordrhein-westfälischen Justizminister verzichtet, weil er annahm, der werde den »bequemen Weg« gehen: Akte zuklappen.

In Verlust geraten. Aus den Vorgängen entfernt zur Vermeidung von Bloßstellungen. Nicht feststellbar. Ohne schuldhaftes Zutun. Überaus bemerkenswert ist, mit welcher Lässigkeit die Strafverfolger einen Vorgang beurteilten, den sie mit erstaunlicher Oberflächlichkeit behandelt hatten. Die Frage, ob dieses Fernschreiben gezielt, also mit Vorsatz, von vorneherein dem Aktengang entzogen worden sein könnte – diese Frage stellte sich den Ermittlern nicht.

DAS MFS MOBILISIERT »GEEIGNETE KRÄFTE«

Die Suche nach Hanns Martin Schleyer und seinen Entführern im Spätsommer und Herbst 1977 war eine hochintensive und der Großraum Köln das Zentrum. Es liegt auf der Hand, dass gerade hier sich die Stasi-Abhörspezialisten der »Elektronischen Aufklärung« auch in Telefonate und den Fernschreibverkehr der Polizei und anderer Sicherheitsbehörden einklinkten. Zum Schutz aller Frauen und Männer, die an der unsichtbaren Front für die DDR arbeiteten – der Helden von Mielke und Co. Immer wieder wurde in speziellen Dienstanweisungen das Augenmerk auf diese besondere Form der Fürsorge gelenkt. In der Hochzeit des RAF-Terrorismus galt es vor allem, neben den technischen Möglichkeiten »geeignete Kräfte zur allseitigen Aufklärung« zu mobilisieren. Ungetreue Sekretärinnen etwa, die klammheimlich Kopien machten.

Es müsste deshalb als Fehlleistung interpretiert werden, hätten Mielkes Horcher und Zuträger nicht gewusst, dass im Schleyer-Koordinierungsstab Vorbereitungen getroffen worden waren, eine Reihe von Wohnungen oder Wohnanlagen im Rahmen der Aktion »Vollkontrolle« schlagartig zu überprüfen.

Und sie wussten dann aller Wahrscheinlichkeit nach auch, dass – wie etwa im Fall Zum Renngraben 8 – der Zugriffsplan bereits ausgearbeitet war.

Im Fernschreiben 827 waren dreizehn Objekte aufgelistet worden, die aus Sicht der Polizei vor Ort für eine solche Überprüfung infrage kamen, alleine fünf lagen in Erftstadt. Und Erftstadt war für die Stasi ein ganz besonderer Ort.

Dort lebten, zwischen 1970 und 1972, in der Konrad-Adenauer-Allee Wolfgang und Anita Rausch, die als Sieglinde und Franz Tondera – oder »Arno« und »Nora« – eine Zeit lang die Guillaumes in Bonn betreuten. Günter Guillaume[16] hatte es geschafft, sich binnen weniger Monate im Kanzleramt bis zu einem der drei Persönlichen Referenten von Regierungschef Willy Brandt hochzuarbeiten.

Und in Erftstadt lebten auch die Hiers, Elke und Manfred Hier. Erst in Liblar, Zum Renngraben 8. Dann in Dirmerzheim, Landstraße 99. Zur gleichen Zeit hatte sich in Erftstadt ein weiteres Spionagepärchen einquartiert, das nie enttarnt werden konnte – es trug möglicherweise den Tarnnamen Kreutz. Vielleicht gab es sogar eine vierte Residentur.

Elke Hiers Job im Einwohnermeldeamt der Kölner City war für die Mielke-Truppe ein ganz wichtiger. Zu jener Zeit einer der wichtigsten überhaupt, weil die HVA, der Aufklärungsapparat des MfS, sich mit dem größten Problem seit ihrer Gründung herumzuschlagen hatte: der Enttarnung ihrer Agenten gleich in Serie. Beim Kampf gegen Ost-Spione war es dem Verfassungsschutz nach langer Vorarbeit gelungen, mithilfe eines bestimmten Rasters Daten aus Einwoh-

[16] Günter Guillaume (1927–1995), Deckname »Hansen«, hatte sich 1956 zusammen mit seiner Ehefrau Christel (»Heinze«) nach vorgeblicher Flucht aus der DDR in Frankfurt am Main niedergelassen; dort betrieb das Paar einen Kaffee- und Tabakladen. Die Stasi hatte ihnen als Starthilfe 10 000 D-Mark gezahlt. 1957 trat Guillaume in die SPD ein; wenige Jahre später wurde er, dank seines großen Organisationstalents, Geschäftsführer des SPD-Unterbezirks Frankfurt. Auf Empfehlung von Bundesverkehrsminister Georg Leber, dessen Wahlkreis in Frankfurt lag, heuerte er 1972 im Kanzleramt an. Bereits Mitte 1973 gab es erste Verdachtsmomente, im April 1974 wurden die Guillaumes verhaftet. Angeblich sagte Günter Guillaume zu den Beamten: »Ich bin Offizier der Nationalen Volksarmee und Mitarbeiter des Ministeriums für Staatssicherheit. Ich bitte, meine Offiziersehre zu respektieren.« Kanzler Brandt trat zurück, dessen Nachfolger: Bundesfinanzminister Helmut Schmidt. Im Dezember 1975 wurde Guillaume wegen Landesverrats zu 13 Jahren Gefängnis verurteilt, seine Frau zu acht Jahren. 1981 konnten beide, im Rahmen eines Agentenaustauschs, in die DDR zurückkehren.

nermeldeämtern so auszusieben und zu verdichten, dass am Ende verdächtige Personalangaben hängen blieben. Verdächtig war zum Beispiel, wer nach Vollendung des 20. Lebensjahrs aus dem Ausland über den Umweg West-Berlin zugezogen war.

Operation »Anmeldung« hieß dieses aufwendige (und teils illegitime) Verfahren unter Verfassungsschützern, und es war ihr wohl größter Erfolg. Allein zwischen Juni und Ende 1976 konnten über 80 Agenten festgenommen werden. Andere wurden, weil eine Enttarnung bevorstand, in die DDR zurückbeordert. Möglicherweise lag deren Zahl noch höher.

Dies war für Mielke und HVA-Chef Markus Wolf ein Fiasko – strategisch wie finanziell. Die Kosten für Ausbildung und Schleusungslogistik schlugen pro Kopf mit etwa 150 000 Mark zu Buche, D-Mark wohlgemerkt, nicht Mark der DDR. Bei der Stasi, schreibt der Sachkenner Friedrich-Wilhelm Schlomann, habe dies »eine viel größere Aufregung« ausgelöst als die Verhaftung Guillaumes. Kein Wunder, denn die Zerschlagung eines ganzen Netzes von Top-Spionen konnte bedeuten, dass über längere Zeit jedenfalls die Nachrichtenbeschaffung aus dem »Operationsgebiet« stark gefährdet war.

Aus Sicht des MfS konnte das Risiko dann minimiert werden, wenn in den westdeutschen Einwohnermeldeämtern selbst die Akten eingesickerter Kundschafterinnen und Kundschafter so frisiert würden, dass sie einer Überprüfung standhielten. Zur vorrangigen und hoch diffizilen Aufgabe gehörte es deshalb, solche Ämter zu infiltrieren. Dies gelang in mindestens sieben Fällen, so auch in Köln.

Elke Hier war seit November 1976 für die Ausstellung von Pässen und Personalausweisen zuständig – und zählte schon deshalb zu jenen Schutzbefohlenen, die in der Rangliste Mielkes ganz oben standen.

Der Blick zurück: 9. September 1977, abends, Polizeipräsidium Köln, 14. K. Das Fernschreiben 827, adressiert an den Koordinierungsstab, trifft ein. Konrad Schmidt, der diensthabende Kripomann, heftet den zweiten Durchschlag im Geschäftszimmer ab, das Original und den ersten Durchschlag schafft er, wie es abgesprochen ist, zur Soko 77 zwölf Stockwerke runter mit dem Lift, Quertrakt, Zimmer 161.

In diesem Büro ist die letzte Spur der beiden anderen Teile des Fernschreibens zu orten. Jener also, die zum Koordinierungsstab, dem ersten Adressaten, sollten – weil es darum ging, Pläne für schlagartige Durchsuchungen zu entwerfen: Zeitpunkt des Zugriffs, Mannstärke, Bewaffnung. Und es gab die Order, dort alle Namen im PIOS-System zu checken.

Irgendwann zwischen dem Abend des 9. und dem Nachmittag des 10. September muss das Fernschreiben 827 verschwunden sein. Und damit war im Fall Schleyer die Spur aller Spuren tot. Für DDR-Spione im Hotspot Erftstadt bedeutete dies: Entwarnung. Abfragen in Datenbanken, Durchsuchungen oder Razzien, die womöglich zu ihrer Enttarnung geführt hätten, blieben aus. Sollte jemand das Fernschreiben also gezielt aus dem Verkehr gezogen haben, um mühsam aufgebaute Agentennetze der Stasi zu schützen – dann hätte er (oder sie) ganze Arbeit geleistet.

*

Wie viele Menschen in der Bundesrepublik, westdeutsche Bürgerinnen und Bürger, als inoffizielle Mitarbeiter (IM) für das MfS seit dessen Gründung im Februar 1950 aus welchen Motiven auch immer spioniert haben, ist nicht abschließend geklärt und kann auch nie mehr geklärt werden. Vielleicht waren es 17 000, vielleicht 23 000, vielleicht auch »nur« 12 000.

Klar, dass zu diesem IM-Netz auch Geheimdienstler und Polizisten gehörten, genauso wie Angestellte der Sicherheitsbehörden. Manche arbeiteten für die Abteilung VI oder die IX der HVA, manche für die Abteilungen II oder VII des MfS. Das war in Hamburg so, in München oder Frankfurt. In Wiesbaden, Berlin oder Köln. Und in Düsseldorf.

Die Zuträgerinnen und Zuträger versteckten sich hinter Decknamen wie »Maurer«, »Bussard« oder »Luchs«. Andere hinter »Gräber« und »Alster«, »Wieland« oder »Erdmann«. Eine der erfolgreichsten Agentinnen aller Zeiten in diesem Bereich, Registriernummer 6031/60, trug hingegen einen Allerweltsnamen: Inge Schneider. Die Dame war behangen mit fast allen Ehrenzeichen, die in der DDR zu vergeben waren. Auch Moskau, genauer: das Komitee für Staatssicherheit beim Ministerrat der UdSSR, zeichnete sie im November 1977, ungewöhnlich genug, mit dem Roten Orden aus – weil das, was sie geliefert hatte, von »außerordentlichem Wert« gewesen sei. Ungewöhnlich auch, dass das MfS den sowjetischen Genossen gegenüber ihren Arbeitsnamen verschleierte. In der Moskauer Urkunde figuriert 6031/60 als Sybille Seefeld.

»Unter ständig persönlich gefährdetem Einsatz« habe Inge Schneider immer wieder, heißt es in einer internen Stasi-Beurteilung, »Hinweise über das gegnerische Fahndungs- und Überwachungssystem« gemeldet. Überdies sei es ihr gelungen, »geheime Maßnahmen«, die von den »feindlichen Organen gegen Patrioten und Kundschafter« geplant worden seien, schon »im Stadium der Vorbereitung« zu erkennen. Auf diese Weise hätten Festnahmen verhindert werden können.

So viel Einsatz wurde äußerst großzügig honoriert, insgesamt wohl mit über 800 000 D-Mark.

14 Jahre lang, von 1971 an bis zu ihrer Pensionierung im Juli 1985, arbeitete die Agentin beim nordrhein-westfälischen Landeskriminalamt als Fernschreiberin. Jener Behörde, die im September 1977 einige Tage lang die Verantwortung für den Koordinierungsstab trug.

Der Prozess gegen Inge Schneider vor dem Oberlandesgericht Düsseldorf begann am 9. Dezember 1993 und endete, nach vier weiteren Verhandlungstagen, am 6. Januar 1994. Das Urteil wegen »geheimdienstlicher Agententätigkeit«: drei Jahre Haft. Die Angeklagte sei, heißt es in der Begründung, eine »sehr zuverlässige, ergiebige und bedeutsame Informationsquelle« gewesen, »wichtig und wertvoll«.

Über den – spektakulären – Fall ist damals erstaunlicherweise nirgendwo berichtet worden. Wer will, der kann deshalb diesen Prozess gut und gerne als eine Art Geheimverfahren bezeichnen. Die Spur der Top-Agentin verliert sich in der Slowakei. Dorthin ist sie, viele Jahre nach dem Prozess, ausgewandert.

EPILOG

An der Aktion »Spindy« waren zwanzig Personen, elf Frauen und neun Männer, in unterschiedlichen Funktionen direkt beteiligt. Logistiker, Späher und Todesschützen. Schon lange vor dem Mord an Schleyer hatten sich etliche von ihnen erst einmal ins sichere Bagdad oder nach Algier zurückgezogen. Bald jedoch kehrten die allermeisten nach Europa zurück. In der irakischen Hauptstadt blieb offenbar nur die RAF-Mitläuferin Friederike Krabbe. Zur Ironie der Geschichte gehört, dass das Rubrum des Schleyer-Ermittlungsverfahrens der Bundesanwaltschaft so hieß: »gegen Friederike Krabbe u.a.«. Sie hatte, als »Lisa Ries«, das Appartement im Köln-Junkersdorfer Wiener Weg 1b angemietet. Der Ort der »Mitternachtsdiskussion«, der »Wannseekonferenz«.

Bis heute gibt es von ihr keine Spur.

Schon während der Entführung konnte, am 22. September, Knut Folkerts verhaftet werden, nach einer Schießerei mit Polizisten im niederländischen Utrecht. Der Brigadier Arie Kranenburg wurde dabei getötet, ein Kollege verletzt. Rolf Heißler und Adelheid Schulz erschossen bei Kerkrade am 1. November 1978 zwei Grenzer – und wurden ebenfalls verhaftet. Zwei der Baader-Gefolgsleute starben bei dem Versuch, sich der Festnahme zu entziehen: Willy-Peter Stoll 1978 in Düsseldorf und Elisabeth van Dyck im Jahr darauf in Nürnberg. Im Spätherbst 1982 saßen alle Rädelsführer im Gefängnis: Stefan Wisniewski, Peter-Jürgen Boock, Brigitte Mohnhaupt, Christian Klar und Angelika Speitel. Letztere war nach dem Mord an einem Polizisten in Dortmund verhaftet worden.

Acht Mitglieder der RAF hatten bereits Ende 1979 entschieden, dass sie aussteigen wollten. In einem Ferienhaus in der Bretagne hatten sie darauf gewartet, dass sich RAF-Bosse wie Klar – intern hießen sie »die mit den Hüten« – für die willigen Helfer um ein sicheres Exil in einem sozialistischen Land kümmerten. Vielleicht in Mosambik, vielleicht in Angola. Um sich auf das neue Leben vorzubereiten, begannen die Aussteiger, Portugiesisch zu lernen.

Es kam anders, und die Fäden zog eine Veteranin des deutschen Terrorismus: Inge Viett, ehedem Mitglied der aufgelösten RAF-Konkurrenz »Bewegung 2. Juni«. Sie kannte Harry Dahl, den Leiter der für »Terrorabwehr« zuständigen Stasi-Hauptabteilung XXII, mit ihm besprach sie im Mai 1980 die Pläne für ein Exil in Afrika. Der Major riet ab. Die politische Lage sei instabil, eine Gruppe von Weißen würde sofort auffallen. Stasi-Chef Erich Mielke, bald danach informiert, entschied nach einiger Diskussion: »Dann kommen sie doch einfach zu uns.«

Für die DDR war eine solche Hilfestellung gewagt. Nicht aus ideologischen Gründen, schließlich gab es im »antiimperialistischen Kampf« der ungleichen Genossen ein gemeinsames Feindbild. Das Risiko lag darin, ein seit Anfang der Siebzigerjahre mühsam aufgebautes internationales Renommee aufs Spiel zu setzen. Und zwischen Bonn und Ost-Berlin wäre wohl, trotz aller Entspannungspolitik, eine schwere Krise ausgebrochen. Offenbar wog aber schwerer, dass SED-Generalsekretär Erich Honecker, der als Jungkommunist an der Schlacht gegen Ausbeutung und Imperialismus beteiligt gewesen war, für Typen wie Boock, Wisniewski und Co. eine Art von schwärmerischer Verehrung empfand. Markus Wolf, der Chef der HVA und Honeckers Vize-Minister für Staatssicherheit, dachte eher pragmatisch. »Im Falle eines Krieges« hätten »wir Leute gebrauchen können, die in der Lage gewesen wären, im Hinterland des Aggressors« – und damit meinte er die Bundesrepublik – »eine Guerilla aufzubauen. Netze von Spezialisten, die Brücken sprengen und strategische Installationen hätten angreifen können.« Wolf meinte auch: RAF-Kämpfer und -Kämpferinnen.

Die Aussteiger, am Ende waren es zehn, wurden erst einmal in einem »konspirativen Objekt« in Frankfurt an der Oder untergebracht, in DDR-Staatsbürgerkunde unterwiesen und dann auf verschiedene Städte verteilt. Das typische Grau-in-Grau des DDR-Alltags muss anfangs ein Schock gewesen sein. Manche hätten dies wohl »als selbstauferlegte Strafe« begriffen, notiert der Historiker Klaus Bästlein.

Erfundene Biografien wurden mittels gefälschter Dokumente legalisiert. Susanne Albrecht zum Beispiel hieß nun »Ingrid Jäger«, geboren in Madrid. Silke Maier-Witt war fortan »Angelika Gerlach« und Monika Helbing »Elke Winter«. Inge Viett bekam den Namen »Eva Maria Sommer«. Werner Lotze und Christine Dümlein wurden im Einwohnermeldeamt als »Manfred und Katharina Janssen« registriert. Die Ex-RAFler arbeiteten etwa als Sekretärin, Arzt, Krankenpflegerin.

Freilich, die Stasi beherbergte nicht nur die Übersiedler, sie unterstützte auch die Rest-RAF im Westen. MfS-Offiziere bildeten aktive Terroristen wochenlang aus, im Schießkino und auf freier Fläche. Übungen mit Sprengstoff, Übungen mit Waffen – auch mit der sowjetischen Panzerfaust RPG-7. Eine solche Waffe setzte am 15. September 1981 ein Kommando der RAF unter Klars Führung beim Anschlag auf den US-amerikanischen General Frederick J. Kroesen ein. Kroesen, neunfacher Träger der Vietnam Service Medal, war in Heidelberg Chef des VII. US-Korps. Ungeklärt ist, ob dieses Training vor oder nach dem Attentat stattfand.

Mehrfach landeten bei westdeutschen Behörden Informationen, Ex-RAFler würden sich in der DDR unter falschem Namen verstecken. Angeblich meldete dies auch ein hochrangiger V-Mann des Bundesnachrichtendiensts, und zwar schon Ende 1980; angeblich leitete der BND diese Information »nach oben« weiter: ans Kanzleramt. Angeblich sagte ein führender Mitarbeiter: »Die wollen's nicht hören.« Dass es tatsächlich verschiedene Hinweise gegeben hatte, davon erfuhr die Stasi durch ihre Gewährsleute im Sicherheitsapparat. Und Mielkes Mannen reagierten: Sie statteten drei Frauen mit neuen Legenden aus. Silke Maier-Witt – nunmehr »Sylvia Beyer« – musste ihre markante Nase operieren lassen.

Dann fiel die Mauer, die DDR implodierte. Diejenigen, die eine Revolution hatten anzetteln wollen, wurden selbst Opfer einer Revolution. Zwischen dem 6. und dem 18. Juni 1990 konnten alle zehn Aussteiger – einige waren längst Ehepaare – festgenommen werden. Zyniker mögen sagen, es seien Morgengaben für die deutsche Einheit gewesen, die am 3. Oktober besiegelt wurde.

Die Strafverfolger der Bundesanwaltschaft in Karlsruhe, denen es bis dahin nur zum Teil gelungen war, die während der »Offensive 77« von der RAF verübte Mordserie aufzuklären, konnten neue Hoffnung schöpfen. Sie boten den Ex-Terroristen Strafminderung an, wenn sie als Kronzeugen aussagten. Und das taten diese, um das sonst unumgängliche Urteil zu verhindern: lebenslänglich. So wurden die an der Schleyer-Entführung und -Ermordung (und am Anschlag auf NATO-Oberbefehlshaber Alexander Haig im Juni 1979) beteiligten Monika Helbing, Sigrid Sternebeck und Silke Maier-Witt lediglich zu Freiheitsstrafen zwischen sieben und zehn Jahren verurteilt, Susanne Albrecht für ihre Beteiligung am Ponto-Mord zu zwölf Jahren, Inge Viett bekam 13 Jahre Haft für den versuchten Mord an einem französischen Polizeibeamten im August 1981. Das Strafmaß für die Aussteiger Henning Beer, Baptist Ralf Friedrich und Werner Lotze: zwischen sechseinhalb und elf Jahren Gefängnis. Viele kamen recht schnell wieder frei. Zwei Ermittlungsverfahren wurden eingestellt.

Nach der Festnahme der RAF-Köpfe im Herbst 1982 hatte sich eine dritte Generation der RAF etabliert – und ein neues Ziel definiert: die Kooperation mit anderen westeuropäischen Terrorgruppen. Den italienischen »Roten Brigaden« etwa, den belgischen »CCC«, der französischen »Action directe«. Um sich zu beweisen, wurde weiter gemordet. Durch RAF-Kommandos starben zwischen 1985 und 1991 die Industriemanager Ernst Zimmermann und Karl Heinz Beckurts, der Chauffeur Eckhard Groppler, die US-Soldaten Edward Pimental und Frank Scarton, die Army-Zivilistin Becky Bristol, der Diplomat

Gerold von Braunmühl, der Deutsche-Bank-Vorstandssprecher Alfred Herrhausen und Detlev Karsten Rohwedder, Chef der Treuhandanstalt. Die Anschläge auf zwei Staatssekretäre, Hans Tietmeyer (Finanzen) und Hans Neusel (Inneres), schlugen fehl. Neusel wurde leicht verletzt, ebenso wie Herrhausens Fahrer.

Keine der Taten konnte je gesühnt werden – bis auf die Morde an den US-Soldaten und der jungen Becky Bristol. Wegen dieser Verbrechen wurde Birgit Hogefeld, eine der Leitfiguren der dritten RAF-Generation, im November 1996 vom Oberlandesgericht Frankfurt am Main zu lebenslanger Haft verurteilt. Gut drei Jahre zuvor war sie auf dem Bahnhof von Bad Kleinen nahe Schwerin von GSG-9-Beamten festgenommen worden. Wolfgang Grams, ihr Begleiter und Lebensgefährte, erschoss den jungen Grenzschutzkommissar Michael Newrzella – und tötete Sekunden später sich selbst in auswegloser Situation. Ein Haar, das in der Nähe des Rohwedder-Tatorts entdeckt worden war, konnte Jahre später Grams zugeordnet werden.

Im April 1998 erklärte die RAF in einem achtseitigen Schreiben an die Nachrichtenagentur Reuters: »Heute beenden wir dieses Projekt.« Ein Projekt des Schreckens und der Schrecklichkeiten – »nun Geschichte«. Zwar spreche »nichts gegen die Notwendigkeit und Legitimation der Revolte«. Aber das Ziel, die »Gefangenen aus den Knästen zu befreien«, sei gescheitert. Die RAF habe die »Machtfrage« gestellt – und verloren. Und sie versuchte der Öffentlichkeit klarzumachen, dass ihr Opfer Schleyer »während der Periode des sozialdemokratischen Modells« die »Kontinuität des Systems« verkörpert habe, sollte heißen: Nazis und SS-Leute hätten auch unter Kanzler Schmidt ungehindert Karriere machen können: »ein wesentliches Moment des Aufbaus und der Entwicklung der BRD«.

Und dann wurden die eigenen Toten geehrt, die »im bewaffneten Kampf alles« gegeben hätten. Kein Wort über die Opfer, nichts. Erbärmlich. Auf beiden Seiten hatte es 54 Tote gegeben, zu ihnen zählen auch längst vergessene unbeteiligte Menschen. 230 Personen, wahrscheinlich sogar mehr, wurden zum Teil schwer verletzt.

Die gerichtlich-polizeiliche Bilanz: 26 lebenslange Freiheitsstrafen, 517 Verurteilungen wegen Mitgliedschaft in einer terroristischen Vereinigung, 914 wegen Unterstützung einer solchen. Bei mindestens 31 Banküberfällen wurden mehr als sieben Millionen D-Mark erbeutet. Die Zahl gestohlener Autos: 180. Die Zahl konspirativer Wohnungen: 104.

Die »Offensive 77«, die brutalste Terror-Unternehmung der bundesdeutschen Geschichte, gilt heute als juristisch ordentlich aufgearbeitet. Aber es bleiben Fragen und Rätsel, und wahrscheinlich bleiben sie für immer unbeantwortet und ungelöst. So ist immer noch nicht geklärt, wer genau am Anschlag auf Generalbundesanwalt Buback und dessen Begleiter beteiligt war. Zwar sind deshalb Brigitte Mohnhaupt, Christian Klar und Knut Folkerts verurteilt worden, das Verfahren gegen den Mitbeschuldigten Günter Sonnenberg wurde wegen dessen schlechten Gesundheitszustands eingestellt. Erst im Juli 2012 wurde Verena Becker, die einige Zeit offenbar Informantin des Verfassungsschutzes war, wegen Beihilfe zu vier Jahren Haft verurteilt – nach dem letzten RAF-Prozess überhaupt.

Über 6000 Fingerspuren konnten nie zugeordnet werden. Horst Herold, der im Dezember 2018 verstorbene Ex-BKA-Chef, hat einmal errechnet, dass die »Hydra RAF« von mindestens 3000 Frauen und Männern unterstützt wurde. Deren Identitäten blieben weitgehend unbekannt. Auch weiß niemand genau, wie viele Erdverstecke es gab und was dort noch gelagert ist. Entdeckt wurden nur wenige. Auch die meisten der Bänder mit den Schleyer-Befragungen sind verschwunden. Wahrscheinlich wurden sie nach Bagdad oder Algier geschafft. Wie möglicherweise auch das Schelkmann-Dossier.

Irgendwo in einem dieser Depots mit so fantasievollen Namen wie »5-Zimmer-Wohnung« oder »Rotkehlchen« oder »Daphne« wird auch das Siegel liegen, mit dem die RAF ihre Schreiben stempelte.

Ebenso die Waffe, mit der Schleyer getötet wurde. Sie ist noch einmal eingesetzt worden – beim Mord an dem Diplomaten Gerold von Braunmühl.

Und bislang konnte nicht ermittelt werden, wer Schleyers Mörder war.

*

Die Hiers, das Spionagepaar aus Erftstadt, kehrten unbehelligt in die DDR zurück – auf getrennten Wegen. Manfred Hier setzte sich irgendwann im Herbst 1977 ab, Elke Hier am Jahresende. Die beiden hatten sich auseinandergelebt, bald schon wurde die Ehe geschieden. Im Januar 1978 informierte ein Beamter des nordrhein-westfälischen Verfassungsschutzes offiziell die Kölner Stadtverwaltung, dass die Gruppenleiterin in der Meldehalle der Innenstadt eine Agentin der HVA gewesen sei. Bis März 1986 arbeitete sie weiterhin für das Ministerium für Staatssicherheit, immer irgendwo im Ausland.

Wie die Hiers enttarnt wurden, ist nicht klar. Vielleicht war es Zufall, vielleicht fielen sie auf, als das Personal von 40 nordrhein-westfälischen Einwohnermeldeämtern nach dem Rasterprinzip der Aktion »Anmeldung« auf eingeschleuste Spione hin überprüft wurde. Vielleicht kam der entscheidende Tipp an den Verfassungsschutz von Nachbarn aus dem Hochhaus Zum Renngraben 8, mit denen sich die Hiers angefreundet hatten. Und die wegen des plötzlichen Wegzugs des Paares im Februar 1976 in den Ortsteil Dirmerzheim Verdacht schöpften, aus welchen Gründen auch immer. Vielleicht nahmen Verfassungsschützer die Spur auf, als Elke Hier Mitte 1977 wegen eines Trauerfalls in der DDR vom Flughafen Köln/Bonn nach Berlin-Tegel flog – um dann über Umwege zur Beerdigung in eine sächsische Kleinstadt zu reisen. Der Rückflug nach Köln ging, verdächtig genug, über Barcelona.

Die Aktenlage ist eine ganz dünne. Und eine diffuse.

DANK AN

Christopher Albrodt, Lutz Aufenacker, Brigitte Barth, Johanna Bartikowski, Hans-Henning von Bassewitz, Gerhart Baum, Joseph Bellinghausen (†), Horst Bien, Christof Blome, Dana Bönisch, Jessica Bönisch, Peter-Jürgen Boock, Günther Braun, Toni Breuer (†), Wibke Busch, Wolfgang Buschfort, Volker Busse, Jürgen Dahlkamp, Christian Eckel, Sabine Eibl, Volker Erner, Robin Faßbender, Hans-Jürgen Förster, Burkhard Freier, Engelbert Greis, David Gugerli, Jutta Hanitsch, Heribert Hellenbroich (†), Holger Heming, Horst Herold (†), Elke Hier, Burkhard Hirsch (†), Rainer Hofmeyer, Carsten Holm, Susanne Hossdorf, Bertolt Hunger, Nicole van de Kamp, Jürgen Kapischke, Frank Kawelovski, Thomas Kemper, Robert Kilp, Michael Kloft, Frauke Köhler, Horst Kopp, Martin Kreuels, Markus Krischer, Hanns Jürgen Küsters, Joachim Lampe, Hans-Stefan Lichius, Manfred Löwisch, Annette Mandt, Klaus Marxen, Damian van Melis, Jürgen Merschmeier, Ulrich Meyer, Wilhelm Milz, Juliane E. Mumm, Karl-Heinz Pähler, *Jürgen Passner*, Heiko Paulsen, *Heinz Penndorf*, Butz Peters, Gottfried Plützer, Jörg Rademacher, Herbert Reul, Winfried Ridder, Eginhard Rösner, Rolf Sachsse, Regina Schelkmann, Dieter Schenk, Jörg Schleyer, Konrad Schmidt, Reinhard Schmidt-Küntzel, Dieter Schüngeler, Dieter Schürmann, Jan Siegel, Michael Sontheimer, Holger Steinemann, Wolfgang Steinke (†), Andrej Stephan, Tim Stinauer, Karl Teichmann, Walter Tillmann, Gregor Timmer, Gerrit Weber, Ulrich Wegener (†), Stefan Weigel, Alfred Weinzierl, Christoph Weißkirchen, Mario Welzel, Dieter Wendorff, Christiane Woopen, Cordula von Wysocki, Uwe Zuber.

Ein ganz besonderer Dank gilt Lutz Hachmeister, dem Autor der famosen Biografie *Schleyer. Eine deutsche Geschichte.*

LITERATUR

Ameri-Siemens, Anne: Ein Tag im Herbst. Die RAF, der Staat und der Fall Schleyer, Berlin 2017.

Ameri-Siemens, Anne: Für die RAF war er das System – für mich der Vater. Die andere Geschichte des deutschen Terrorismus, München 2007.

Andrew, Christopher / Mitrochin, Wassili: Das Schwarzbuch des KGB. Moskaus Kampf gegen den Westen, Berlin 1999.

Aust, Stefan: Der Baader-Meinhof-Komplex, Hamburg 2007; überarbeitete Ausgabe, Hamburg 2020.

Bästlein, Klaus: Der Fall Mielke. Die Ermittlungen gegen den Minister für Staatssicherheit der DDR, Baden-Baden 2002.

Bartsch, Frank / Monheim, Florian: Erftstadt. Eine reiche Kulturlandschaft vor den Toren Kölns, Köln 2017.

Baumann, Cordia: Mythos RAF. Literarische und filmische Mythentradierung von Bölls »Katharina Blum« bis zum »Baader Meinhof Komplex«, Paderborn 2012.

Becker, Jillian: Hitlers Kinder? Der Baader-Meinhof-Terrorismus, Frankfurt am Main 1978.

Benz, Georg, u. a. (Hrsg.): Willi Bleicher. Ein Leben für die Gewerkschaften, Frankfurt am Main 1983.

Bönisch, Georg: »Bitterer Sieg der Staatsräson«, in: Helmut Schmidt, der letzte Staatsmann (= Der Spiegel Biografie, 1/2015); »Der Herbst der Terroristen«, in: Der Spiegel, 38–40/1997; »Leben gegen Leben«, in: ebd., 43/2007; »Der Kampf hat begonnen« (mit Michael Sontheimer), in: ebd., 44/2007; »Massive Gegendrohung« (mit Klaus Wiegrefe), in: ebd., 37/2008.

Bönisch, Georg / Wiegrefe, Klaus (Hrsg.): Die 50er Jahre. Vom Trümmerland zum Wirtschaftswunder, München 2006.
Bohnsack, Günter / Brehmer, Herbert: Auftrag: Irreführung. Wie die Stasi Politik im Westen machte, Hamburg 1992.
Boock, Peter-Jürgen: Die Entführung und Ermordung des Hanns-Martin Schleyer. Eine dokumentarische Fiktion, Frankfurt am Main 2002.
Brauchitsch, Eberhard von: Der Preis des Schweigens. Erfahrungen eines Unternehmers, Berlin 1999.
Breloer, Heinrich: Todesspiel. Von der Schleyer-Entführung bis Mogadischu. Eine dokumentarische Erzählung, Köln 1997.
Bundeskriminalamt (Hrsg.): Festschrift für Horst Herold zum 75. Geburtstag. Das Bundeskriminalamt am Ausgang des 20. Jahrhunderts, Wiesbaden 1998.
Chaussy, Ulrich: Die drei Leben des Rudi Dutschke. Eine Biographie, Berlin 1993.
Colin, Nicole, u. a. (Hrsg.): Der »Deutsche Herbst« und die RAF in Politik, Medien und Kunst. Nationale und internationale Perspektiven, Bielefeld 2008.
Der Baader-Meinhof-Report. Dokumente – Analysen – Zusammenhänge, Mainz 1972.
Fels, Gerhard: Der Aufruhr der 68er. Zu den geistigen Grundlagen der Studentenbewegung und der RAF, Bonn 1998.
Feyerabend, Joachim: Der Industrielle. Eberhard von Brauchitsch. Eine Karriere in Deutschland, Stuttgart 1987.
Gallus, Alexander (Hrsg.): Meinhof, Mahler, Ensslin. Die Akten der Studienstiftung des deutschen Volkes, Göttingen 2016.
Görtemaker, Manfred: Geschichte der Bundesrepublik Deutschland. Von der Gründung bis zur Gegenwart, München 1999.
Hachmeister, Lutz: Schleyer. Eine deutsche Geschichte, München 2004.
Hauser, Dorothea: Baader und Herold. Beschreibung eines Kampfes, Berlin 1997.

Herbstritt, Georg: Bundesbürger im Dienst der DDR-Spionage. Eine analytische Studie, Göttingen 2007.
Horchem, Hans Josef: Die verlorene Revolution. Terrorismus in Deutschland, Herford 1988.
Hürter, Johannes / Ruscini, Gian Enrico (Hrsg.): Die bleiernen Jahre. Staat und Terrorismus in der Bundesrepublik Deutschland und Italien 1969–1982, München 2010.
Igel, Regine: Terrorismus-Lügen. Wie die Stasi im Untergrund agierte, München 2012.
Jahr, Christoph, u.a. (Hrsg.): Feindbilder in der deutschen Geschichte. Studien zur Vorurteilsgeschichte im 19. und 20. Jahrhundert, Berlin 1994.
Kellerhoff, Sven Felix: Was stimmt? RAF. Die wichtigsten Antworten, Freiburg im Breisgau 2007.
Knabe, Hubertus: West-Arbeit des MfS. Das Zusammenspiel von »Aufklärung« und »Abwehr«, Berlin 1999.
Knobbe, Martin / Schmitz, Stefan: Terrorjahr 1977. Wie die RAF Deutschland veränderte, München 2007.
Koch, Peter: Das Duell. Franz Josef Strauß gegen Helmut Schmidt, Hamburg 1979.
Koenen, Gerd: Das rote Jahrzehnt. Unsere kleine deutsche Kulturrevolution 1967–1977, Köln 2001.
Kohl, Helmut: Erinnerungen. 1930–1982, München 2004.
Kopp, Horst: Der Desinformant. Erinnerungen eines DDR-Geheimdienstlers, Berlin 2016.
Kraushaar, Wolfgang: Die blinden Flecken der RAF, Stuttgart 2017.
Kraushaar, Wolfgang (Hrsg.): Die RAF und der linke Terrorismus, zwei Bände, Hamburg 2006.
Kraushaar, Wolfgang / Reemtsma, Jan Philipp / Wieland, Karin: Rudi Dutschke, Andreas Baader und die RAF, Hamburg 2005.
Krumeich, Gerd: Langemarck, in: Etienne François und Hagen Schulze (Hrsg.), Deutsche Erinnerungsorte, Band 3, München 2003, S. 292–309.

Linder, Christian: Heinrich Böll. Leben & Schreiben. 1917–1985, Köln 1986.
Löw, Konrad (Hrsg.): Terrorismus und Extremismus in Deutschland. Ursachen, Entscheidungsformen, Wege zur Überwindung, Berlin 1994.
Lucy, Herbert: Kämpfen – ein Leben lang. Erinnerungen des Gesamtbetriebsrats-Vorsitzenden von Daimler-Benz, München 1993.
Marxen, Klaus, u. a. (Hrsg.): Strafjustiz und DDR-Unrecht, Band 4/1: Spionage, Berlin 2004.
Müller-Enbergs, Helmut (Hrsg.): Inoffizielle Mitarbeiter des Ministeriums für Staatssicherheit, Teil 2: Anleitungen für die Arbeit mit Agenten, Kundschaftern und Spionen in der Bundesrepublik Deutschland, Berlin 1998.
Noack, Hans-Joachim: Helmut Schmidt. Die Biographie, Berlin 2008.
Oesterle, Kurt: Stammheim. Der Vollzugsbeamte Horst Bubeck und die RAF-Häftlinge, München 2004.
Overath, Margot: Drachenzähne. Gespräche, Dokumente und Recherchen aus der Wirklichkeit der Hochsicherheitsjustiz, Hamburg 1991.
Peters, Butz: 1977. RAF gegen Bundesrepublik, München 2017.
Peters, Butz: Hundert Tage. Die RAF-Chronik 1977, München 2017.
Peters, Butz: Tödlicher Irrtum. Die Geschichte der RAF, Berlin 2004.
Petri, Mario: Terrorismus und Staat. Versuch einer Definition des Terrorismusphänomens und Analyse zur Existenz einer strategischen Konzeption staatlicher Gegenmaßnahmen am Beispiel der Roten Armee Fraktion in der Bundesrepublik Deutschland, München 2007.
Pflieger, Klaus: Die Aktion »Spindy«. Die Entführung des Arbeitergeberpräsidenten Dr. Hanns-Martin Schleyer, Baden-Baden 1997.
Pflieger, Klaus: Die Rote Armee Fraktion – RAF. 14.5.1970 bis 20.4.1998, Baden-Baden 2007.

Presse- und Informationsamt der Bundesregierung: Dokumentation zu den Ereignissen und Entscheidungen im Zusammenhang mit der Entführung von Hanns Martin Schleyer und der Lufthansa-Maschine »Landshut«, Bonn 1977.

Schlomann, Friedrich-Wilhelm: Operationsgebiet Bundesrepublik Deutschland. Spionage, Sabotage und Subversion, München 1986.

Schneider, Michael: Demokratie in Gefahr? Der Konflikt um die Notstandsgesetze, Bonn 1986.

Schulze, Hagen: Kleine deutsche Geschichte, München 2007.

Schwarz, Hans-Peter: Helmut Kohl. Eine politische Biographie, München 2012.

Sontheimer, Michael: »Natürlich kann geschossen werden«. Eine kurze Geschichte der Roten Armee Fraktion, München 2010.

Später, Erich: »Villa Waigner«. Hanns Martin Schleyer und die deutsche Vernichtungselite in Prag 1939–45, Hamburg 2009.

Sterling, Claire: Das internationale Terror-Netz. Der geheime Krieg gegen die westlichen Demokratien, München 1981.

Stern, Klaus / Hermann, Jörg: Andreas Baader. Das Leben eines Staatsfeindes, München 2007.

Straßner, Alexander: Die dritte Generation der »Roten Armee Fraktion«. Entstehung, Struktur, Funktionslogik und Zerfall einer terroristischen Organisation, Wiesbaden 2003.

Terhoeven, Petra: Die Rote Armee Fraktion. Eine Geschichte terroristischer Gewalt, München 2017.

Tiedge, Hansjoachim: Der Überläufer. Eine Lebensbeichte, Berlin 1998.

Vogel, Hans-Jochen: Nachsichten. Meine Bonner und Berliner Jahre, München 1997.

Vormweg, Heinrich: Der andere Deutsche. Heinrich Böll. Eine Biographie, Köln 2002.

Wackernagel, Christof: RAF oder Hollywood. Tagebuch einer gescheiterten Utopie, Springe 2017.

Waldmann, Peter: Terrorismus. Provokation der Macht, Hamburg 2011.

Wassermann, Rudolf (Hrsg.): Terrorismus contra Rechtsstaat, Darmstadt 1976.

Winkler, Heinrich August: Der lange Weg nach Westen, Band 2: Deutsche Geschichte vom »Dritten Reich« bis zur Wiedervereinigung, München 2005.

Winkler, Willi: Die Geschichte der RAF, Berlin 2007.

Wisniewski, Stefan: Wir waren so unheimlich konsequent ... Ein Gespräch zur Geschichte der RAF, Berlin 1997.

Wunschik, Tobias: Baader-Meinhofs Kinder. Die zweite Generation der RAF, Opladen 1997.

Zimmermann, Friedrich: Kabinettstücke. Politik mit Strauß und Kohl 1976–1991, München 1991.

PERSONENREGISTER